# Textilien gestalten mit dem Hobbyplotter

Applikationen für T-Shirts, Kissen, Taschen und mehr

# Inhalt

## Grundlagen ALLES, WAS DU WISSEN MUSST



## Workshop KREATIVE PROJEKTE

### Einsteiger

7 EINFACHE EINSTEIGER-PROJEKTE, ANHAND DERER DU GANZ FIX DIE WICHTIGSTEN GRUNDLAGEN DES TEXTILIEN PLOTTEN LERNST.

# Mehrfarbig plotten

ICH ZEIGE DIR DIE 3 VARIANTEN DES MEHRFABRIGEN PLOTTENS UND MACHE DICH ZUM MEISTER DES PASSGENAUEN FOLIENPRESSENS.



# Fortgeschrittene

KREATIVE PROJEKTE FÜR FORTGESCHRITTENE. LERNE INNOVATIVE MATERIALIEN KENNEN UND HOL ALLES AUS DEINEM PLOTTER RAUS.

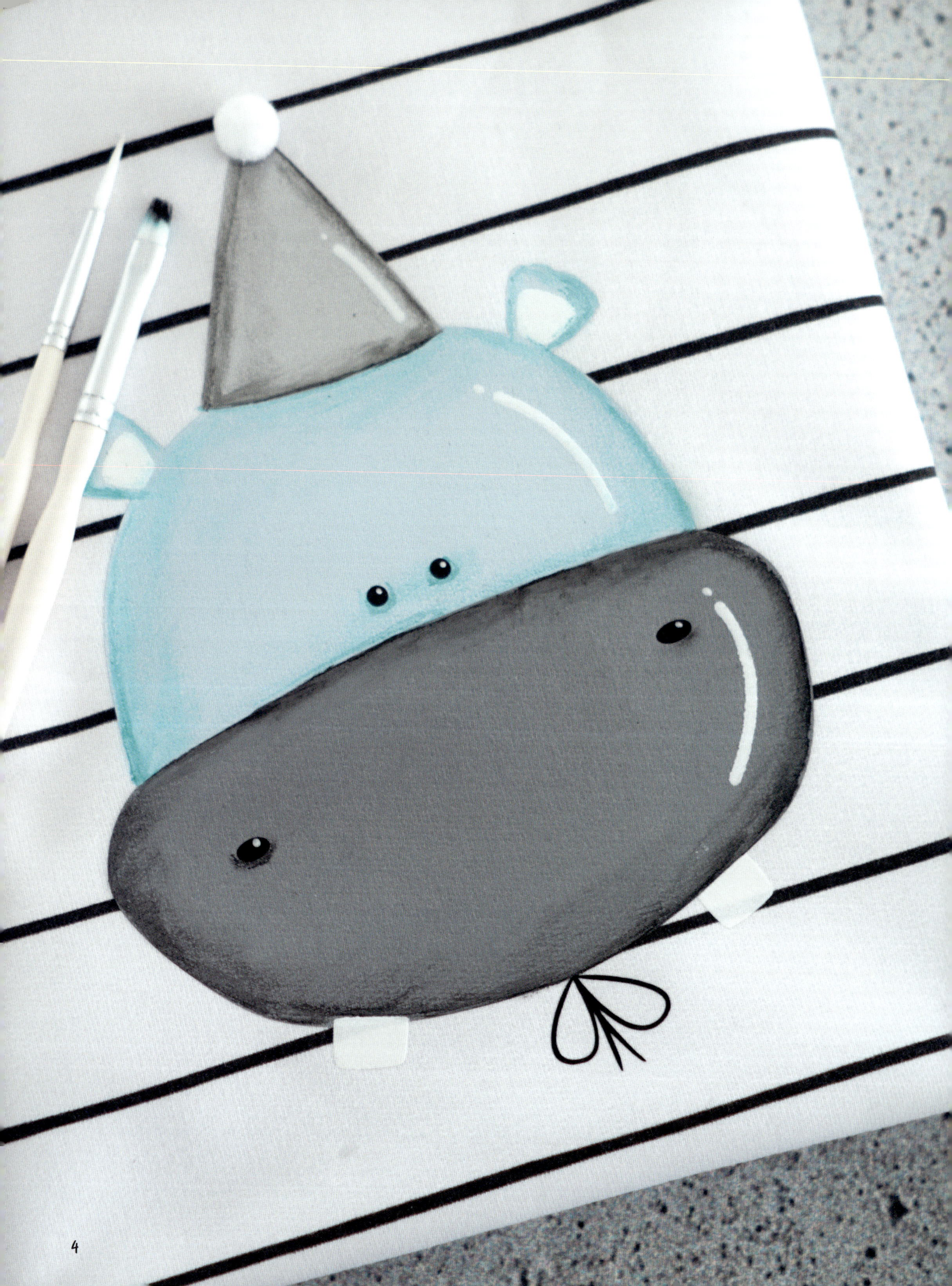

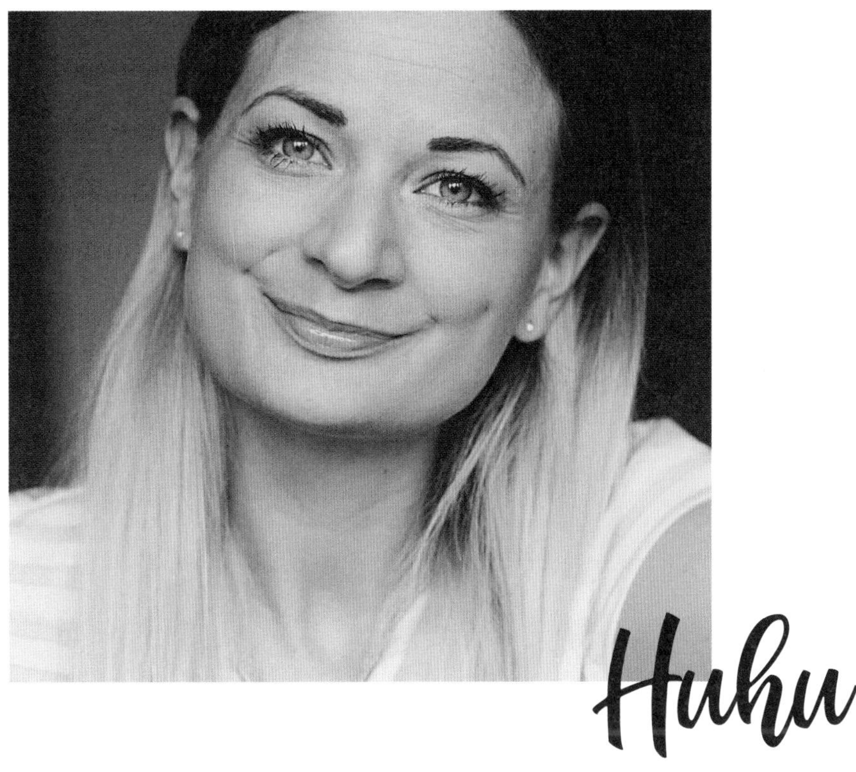

Huhu

SARAH

KREATIVER KOPF VON PAUL & CLARA

Paul & Clara? Dahinter stehe ich, Sarah: Designerin, Nähfee und Mama. Alles mit Herz und Seele. Nach über 10 Jahren in der Werbebranche habe ich mit Paul & Clara mein Herzensprojekt verwirklicht und lebe jeden Tag meinen Traum.

Zusammen mit meinem Team erstelle ich liebevolle Plotterdateien, Applikationsvorlagen, Stickdateien und Stoffdesigns, mit denen du deinen Alltag und den Kleiderschrank deiner Kinder bunter und schöner machen kannst. Besuche mich gerne mal und schau dir an, was ich so mache: www.paulundclara.com

In diesem Buch möchte ich dir die Angst vor dem textilen Plotten nehmen. Denn es ist gar nicht so schwer, wie es vielleicht aussieht. Und vorallem ist es so cool, was dein Plotter alles kann! Lass uns zusammen ein paar tolle Projekte umsetzen!

## PLOTTERDATEIEN-DOWNLOAD

Die Plotterdateien zu diesem Buch stehen in deiner Digitalen Bibliothek unter **www.topp-kreativ.de/digibib** nach erfolgter Registrierung zum Downlaod bereit. Außerdem schaltest du hier ein Special zu den neuen DX-Modellen von Brother frei inklusive einer erweiterten Liste der Hobbyplotter im Vergleich mit weiteren, neuen Modellen.

Den Freischalte-Code findest du im Impressum.

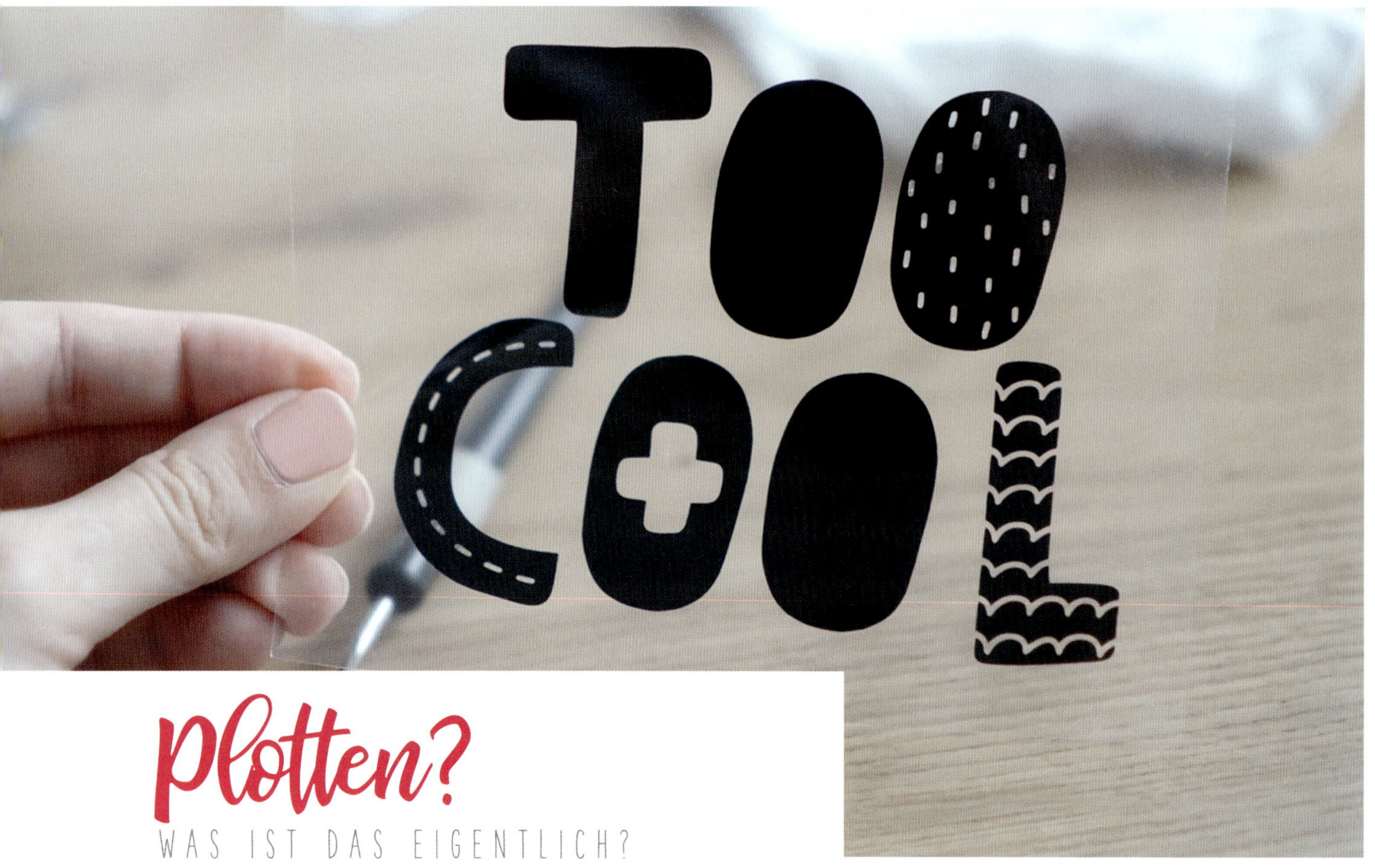


# Plotten?

## WAS IST DAS EIGENTLICH?

Plotten, ein Buch mit sieben Siegeln, wenn man das erste Mal davon hört – und erst recht, wenn man dann vor diesem wundersamen Gerät steht.

Mir ging es nicht anders, als ich verzweifelt versucht habe, mein erstes Bügelbild zu plotten. Allein die Suche nach der richtigen Seite der Folie hat mir einige graue Haare beschert. Ganz zu schweigen von den unzähligen Folien, die im Müll gelandet sind …

Ich kann dich aber beruhigen! Es ist wirklich gar nicht so schwer, wie es anfangs vielleicht aussieht!

Aber jetzt erst mal von Anfang an – was ist ein Plotter? Ein Plotter (aus dem Engl. plot = zeichnen abgeleitet) ist ein Gerät, das Linien und Kurven vektorbasiert auf verschiedene Materialien übertragen kann.

Der Schneideplotter funktioniert ähnlich wie ein normaler Tintenstrahldrucker. Er fährt auf einer Achse hin und her, während das Material nach unten und oben geschoben wird. Dabei schneidet er mit einem kleinen Messer, anstatt zu drucken.

Die beliebtesten Marken für Plotter sind Brother und Silhouette. Da dieses Buch für beide Hersteller geeignet ist, ist der Workshop neutral gehalten und gibt Tipps für beide Geräte.

# BELIEBTE HOBBYPLOTTER IM VERGLEICH

| | SILHOUETTE PORTRAIT 2 | SILHOUETTE CAMEO 3 | BROTHER DESIGNNCUT DC 100 | BROTHERSCANN-CUT CM 900 |
|---|---|---|---|---|
| PREIS (UVP) | • 199 Euro | • 329 Euro | • 199 Euro | • 489 Euro |
| SCHNEIDE- BZW. SCAN-BEREICH | • Schneidebreite bis zu 20,3 cm<br>• Länge mit Matte 30,4 cm und ohne Matte bis zu 3 Meter | • Schneidebreite bis zu 30,4 cm<br>• Länge 30,4 cm oder 60,9 cm und ohne Matte bis zu 3 Meter | • Normale Matte 30,5 cm x 30,5 cm<br>• Große Matte 30,5 cm x 61 cm | • Normale Matte 30,5 cm x 30,5 cm<br>• Große Matte 30,5 cm x 61 cm |
| FUNKTIONEN | • Schneiden<br>• Zeichnen<br>• Print & Cut<br>• PixScan<br>• 2 Werkzeughalter<br>• Automatic Blade<br>• Bluetooth | • Schneiden<br>• Zeichnen<br>• Print & Cut<br>• PixScan<br>• 2 Werkzeughalter<br>• Automatic Blade<br>• Bluetooth<br>• Bildschirm | • Schneiden<br>• Zeichnen<br>• WLAN | • Scannen (300 dpi)<br>• Schneiden<br>• Zeichnen<br>• Arbeiten ohne PC<br>• Bildschirm (4,8 Zoll)<br>• inkl. 15 Schriften & 1002 Designs<br>• max. 500 erkennbare Elemente<br>• WLAN<br>• Farberkennung |
| HERSTELLER | • Silhouette | • Silhouette | • Brother | • Brother |
| SOFTWARE | • Silhouette Studio® | • Silhouette Studio® | • ScanNCut Canvas | • ScanNCut Canvas |
| MAXIMALE MEDIENSTÄRKE | • 2,0 mm (mit Deepcut-Messer) | • 2,0 mm (mit Deepcut-Messer) | • 1,5 mm bzw. 400g/m² Schneidekraft | • 1,5 mm bzw. 400g/m² Schneidekraft |
| MASSE | • ca. 41,3 cm x 14,2 cm x 11,4 cm, ca. 1,6 kg | • ca. 57,1 cm x 21 cm x 15 cm, ca. 4,1 kg | • ca. 50 cm x 18 cm x 16 cm, 3,7 kg | • ca. 50 cm x 18 cm x 16 cm, 3,7 kg |

STAND 06/18

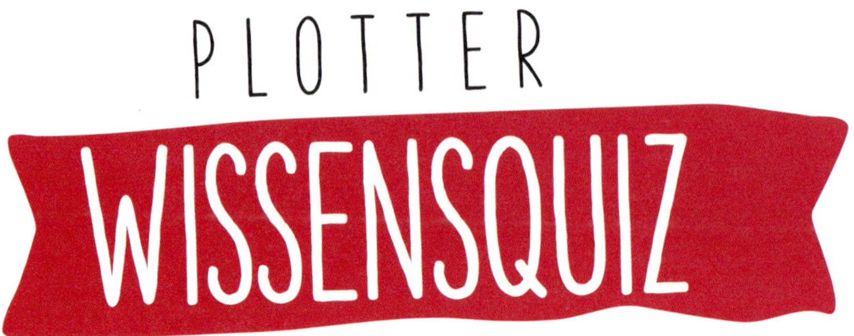


BIST DU SCHON EIN PLOTT-PROFI ODER MUSST DU ERST NOCH DEN GRUNDLAGENTEIL BÜFFELN? TESTE DEIN WISSEN UND BEANTWORTE DIE VIER QUIZFRAGEN! ALS BELOHNUNG ERHÄLST DU FÜNF EXTRA VORLAGEN MIT DEM FREISCHALT-CODE, DER SICH AUS DEN LÖSUNGSZAHLEN ERGIBT.

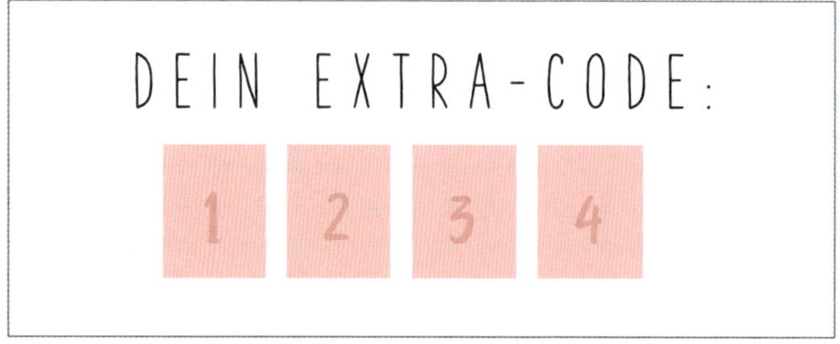


Trage hier die Lösungszahlen der Fragen ein. Mit diesem Code kannst du in der TOPP Digitalen Bibliothek online unter www.topp-kreativ.de/digibib fünf Bonusdateien freischalten.

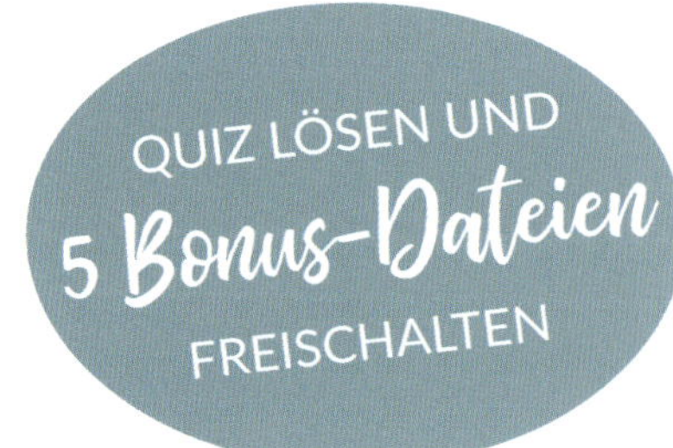

## Frage 1

**WELCHE THERMOTRANSFERFOLIE GIBT ES NICHT?**

5) FLEXFOLIE

8) VINTAGEFOLIE

6) FELLFOLIE

## Frage 2

**WIE IST DIE STANDARD-EINSTELLUNG DER MESSERLÄNGE FÜR FLEXFOLIEN?**

3) 5 – 6

1) 1 – 2

5) 9 – 10

## Frage 3

**WAS IST EIN OFFSET?**

2) EINE ZEICHNUNG ERSTELLT MIT DEM PLOTTER

6) EINE VERSETZTE UMRANDUNG UM EIN MOTIV

4) EINE GESTRICHELTE SCHNEIDELINIE

## Frage 4

**WAS IST BEIM PLOTTEN VON SCHRIFTEN AUS THERMOTRANSFERFOLIE WICHTIG?**

7) MAN MUSS EINE KONTUR UM DIE SCHRIFT SETZEN

5) DEN TEXT UM 180° WENDEN

4) DEN TEXT SPIEGELN

# GRUNDLAGEN

# TEXTILIEN BEPLOTTEN

LUST KREATIV ZU WERDEN? ICH ZEIGE DIR DIE WICHTIGSTEN BASICS DES TEXTILEN PLOTTENS UND ERKLÄRE DIR, AUF WAS DU ACHTEN MUSST. ANSCHLIESSEND WARTEN DIE ERSTEN SIEBEN PROJEKTE AUF DICH, AN DENEN DU GLEICH DAS PLOTTEN MIT THERMOTRANSFERFOLIE ÜBEN KANNST. LIES DIR DIE ANLEITUNGEN GUT DURCH, DIE SCHRITTE WIEDERHOLEN SICH BEI ALLEN WEITEREN PROJEKTEN UND WERDEN IN DIESEM KAPITEL BESONDERS AUSFÜHRLICH ERKLÄRT.

MACH EINFACH MIT, IM NU BIST DU EIN PROFI UND KANNST MIT DEN FORTGESCHRITTENEN PROJEKTEN WEITERMACHEN.

*Los geht´s!*

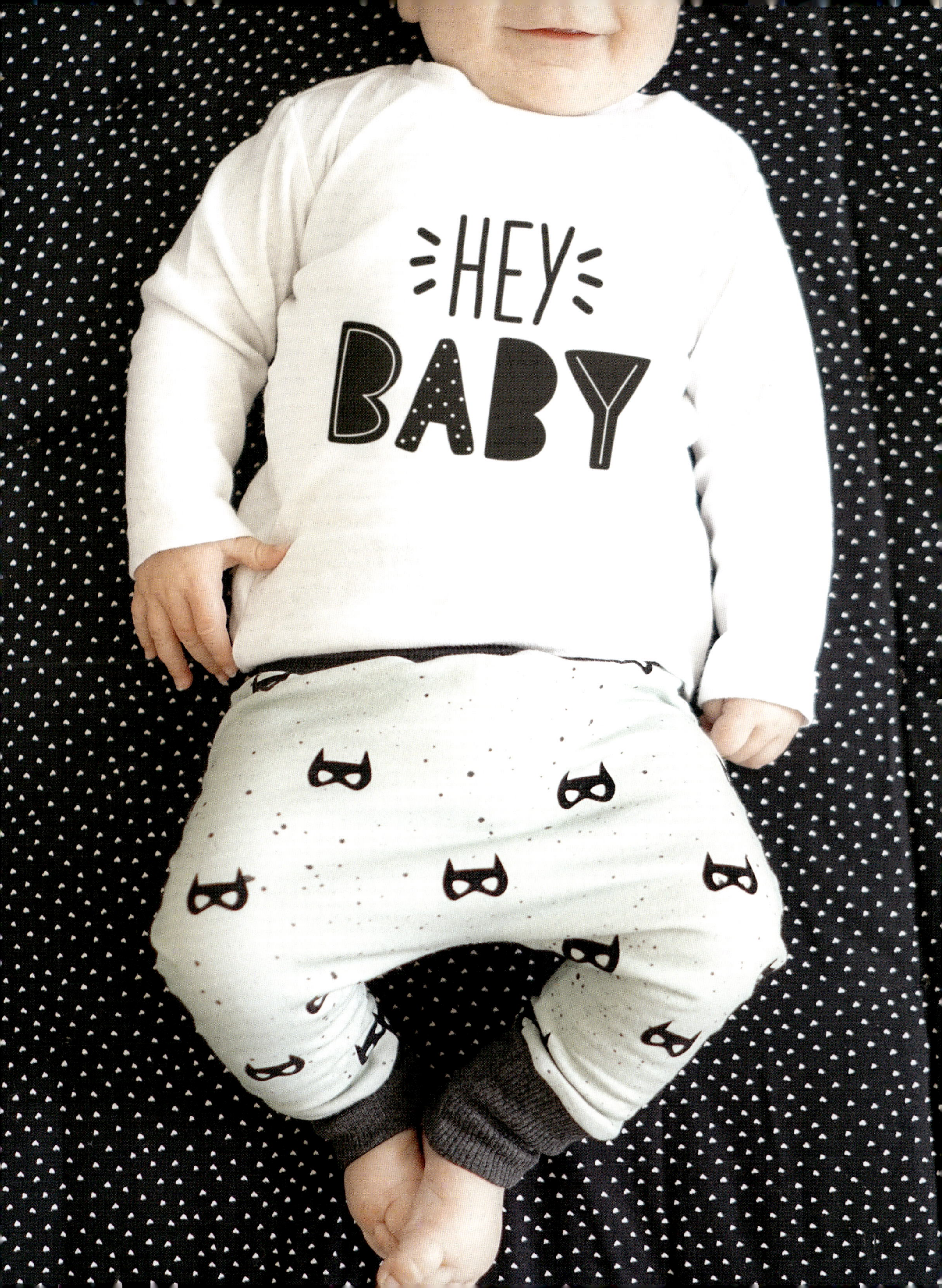
HEY
BABY

# Thermotransfer!?!

Flex? Flock? Was ist das und was ist der Unterschied?

Zugegeben: Am Anfang weiß man gar nicht, was das alles für Folien sind und für was welche Folie gebraucht wird. Ich finde, plotten zu lernen ist genauso, wie eine Fremdsprache zu lernen.

Thermotransferfolie ist das Material, das du zum beplotten von Textilien benötigst. Die Folien gibt es in vielen Farben und unterschiedlichen Materialien. Durch deren Auswahl bestimmst du die Farbe und Beschaffenheit deines Motivs.

Thermotransfer bedeutet ganz schlicht, dass diese Folien mit Hitze übertragen werden – anders als Vinyl, welches ja schon von selbst klebt. Beim Erhitzen schmilzt der Schmelzklebstoff und verbindet sich mit dem Untergrund. Hierfür geeignet sind alle hitzebeständigen Stoffe.

Für besonders hitzeempfindliches Material, wie Regenschirme, gibt es auch Flexfolie, die bereits mit weniger Hitze und in geringerer Zeit haftet.

Achte unbedingt darauf, die passende Folie für dein, Anwendungsgebiet zu nutzen. Gerade filigrane Vorlagen, benötigen hochwertige Folie, die sich gut entgittern lässt. Aber auch für mehrschichtige Motive benötigt man die geeigneten Flexfolien, die für diesen Zweck besonders gut geeignet sind. Sie sind unter anderem besonders dünn, dadurch wird der Plott am Ende nicht zu dick und starr.

Da jede Folie anders verarbeitet wird, ist es auch wichtig, darauf zu achten, was dein Folienanbieter empfiehlt. Bei manchen Folien wird der Träger nach dem Pressen noch heiß abgezogen, bei anderen soll man den Plott vorher abkühlen lassen. Genauso unterschiedlich sind die Presstemperatur und -zeit.

Wenn du dir unsicher bist, frag deinen Folienanbieter nach Hilfe.

Ich stelle dir auf der nächsten Doppelseite die verschiedenen Folienarten zur textilen Gestaltung vor.

## Tipps & Tricks

1. Presse immer so kurz wie möglich! Sonst kann die Folie schmelzen oder schrumpfen. Kontrolliere lieber nach ein paar Sekunden, ob die Folie schon an deinem Textil haftet und presse sonst noch einmal nach. Nach dem Abziehen der Folie presst du den fertigen Plott noch einmal kurz, bis alles gut haftet.

2. Wickle dir ein Stück Paketband mit der Klebeseite nach außen um den Arm und sammle dort die abgelöste Folie vom Entgittern. Das spart Zeit und erleichtert dir das Aufräumen.

3. Sind die Schneidelinien nicht zu sehen? Nutze ein Stück Kreide und male über die Folie. So heben sich die Linien hervor. Nach dem Entgittern kannst du die Kreide einfach abwischen.

4. Mit einem kleinen Skalpell kannst du beim Entgittern kleine Stücke, die eventuell nicht richtig geschnitten wurden, nachschneiden. So rettest du so manchen Plott vor der Mülltonne.

5. Haben sich beim mehrfarbigen Plott Linien von den Folien beim Pressen gebildet? Presse einfach am Ende noch mal kurz nur mit Backpapier nach, das mildert die Abdrücke.

### Aufbau Thermotransferfolie

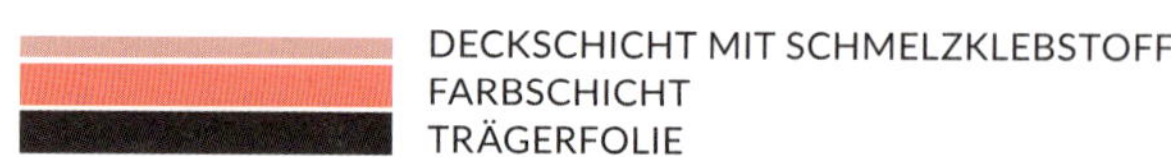

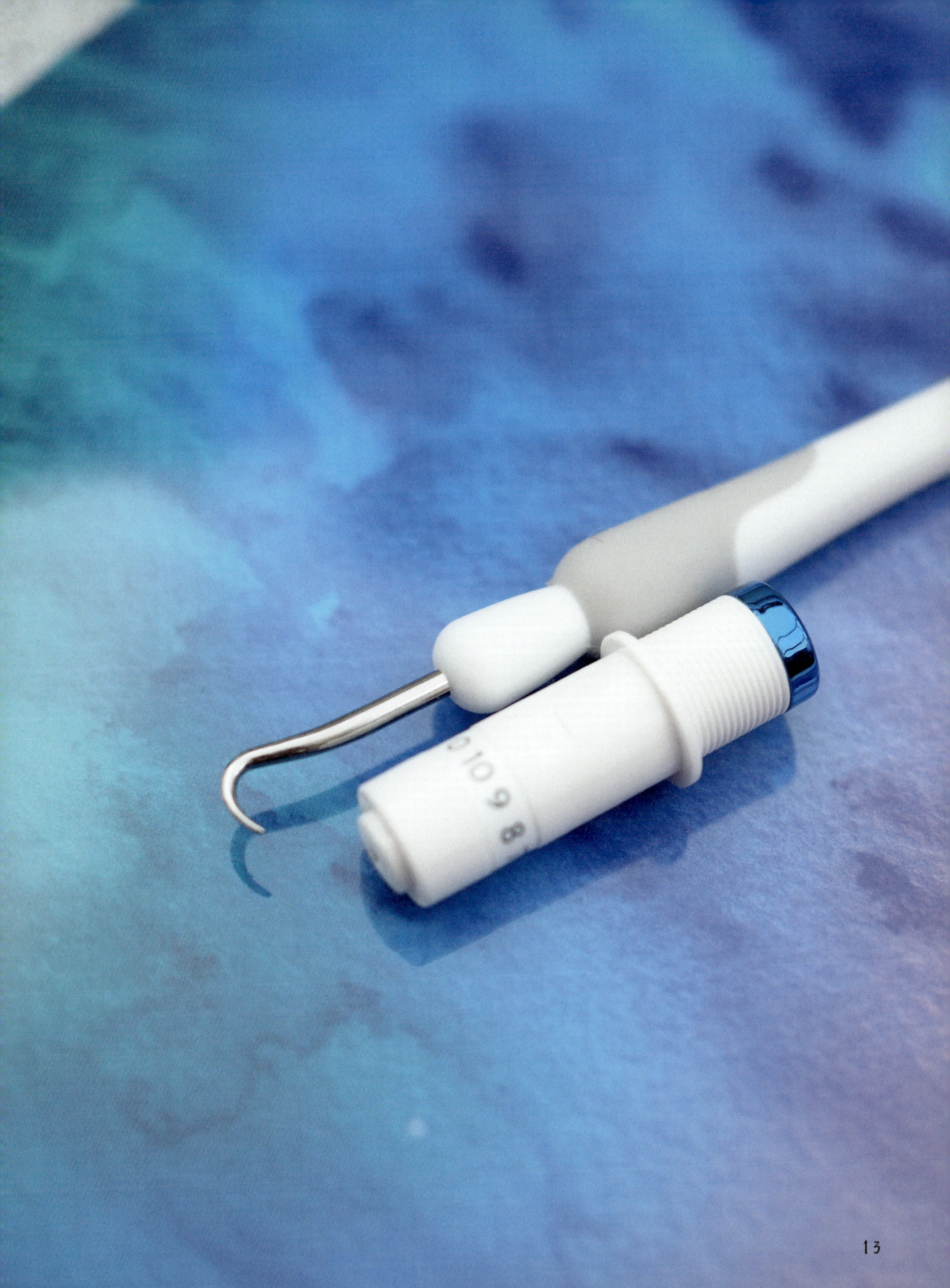
10 9 8

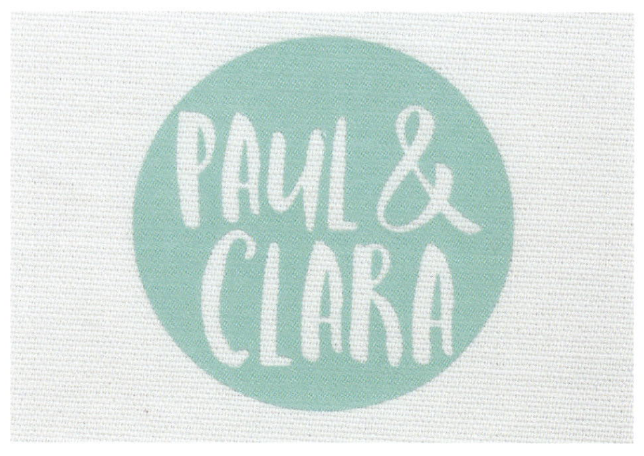


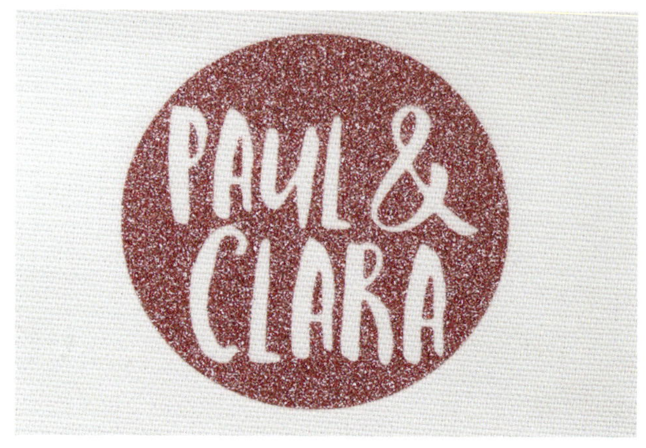


## FLEXFOLIE

Der Allrounder für alle textilen Projekte. Dehnbar, schön dünn und perfekt für mehrschichtige Anwendungen. Es gibt sie in vielen verschiedenen Farben von klassisch bis neon.

## GLITZERFOLIE

Diese Folien glitzern in den schönsten Farben und sind ein echter Hingucker. Sie sind etwas dicker und brauchen daher beim Schneiden höhere Einstellungen. Gerade Typos oder einzelne Elemente eines großen Plotts sehen mit ihr toll aus.

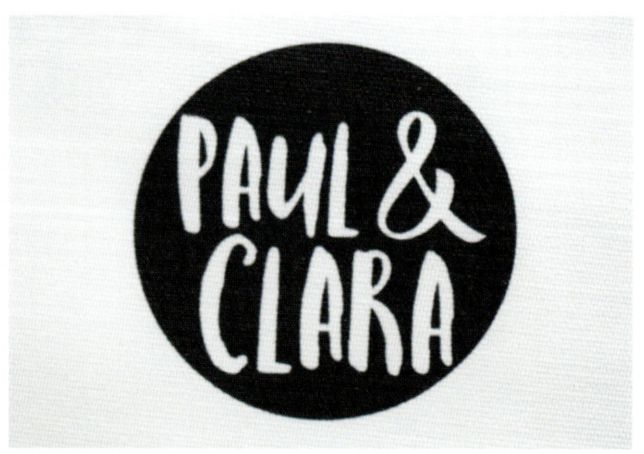


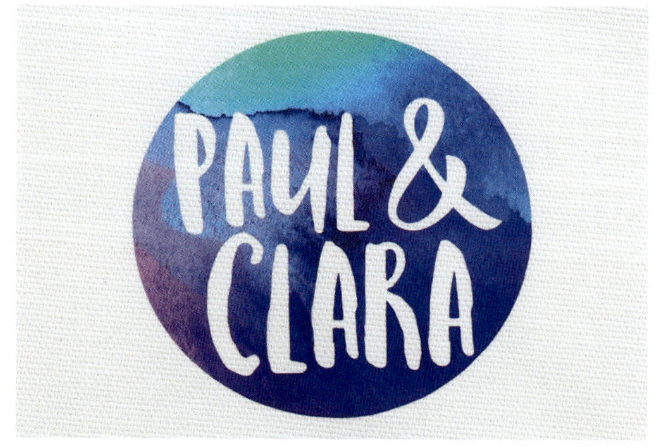


## FLOCKFOLIE

Etwas für die Kuscheligen. Flockfolie hat eine samtige Oberfläche und ist deutlich dicker als Flexfolie. Sie ist für Textilien gedacht und wird auch aufgepresst. Flexfolie sollte nicht auf Flockfolie gepresst werden, aber anders herum ist es kein Problem. Ich liebe Flockfolie, da sie sehr hochwertig aussieht, sich toll anfühlt und man mit ihr schöne Akzente setzen kann - z. B. flauschige Bäckchen.

## DESIGNERFOLIE

Wunderschöne Folien mit Designdruck. Es gibt sie als Flex- und Flockfolie. Mit ihnen kannst du echte Highlights setzen. Gerade Farbverläufe sehen geplottet toll aus.

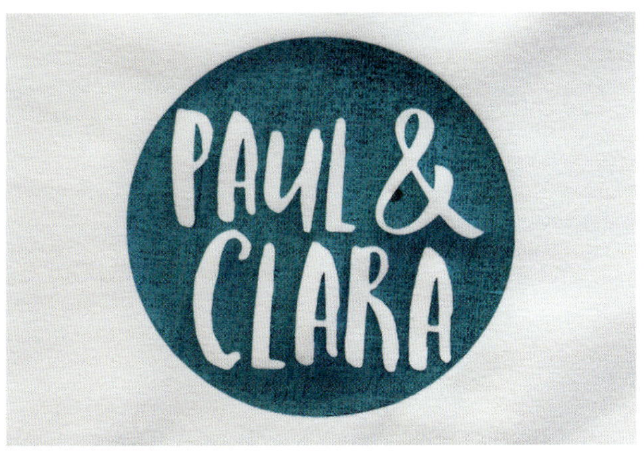


## HEIẞPRÄGEFOLIE

Du magst es besonders glänzend? Dann teste unbedingt Heißprägefolien. Sie werden als zweite Schicht auf eine Trägerfolie gepresst. Heiß abgezogen entsteht ein Vintagelook, kalt abgezogen erhälst du eine schön glänzende Schicht. Es gibt sie in coolen Effekten und vielen Farben. Aber Achtung: Diese Folie ist eine kleine Diva und braucht ein geübtes Händchen.

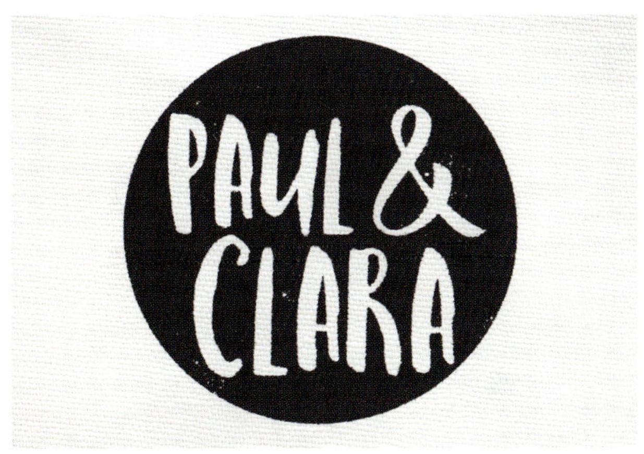


## VINTAGEFOLIE

Eine tolle, ganz dünne Flexfolie von HappyFabric. Sie wird sehr heiß gepresst und dann sofort abgezogen. Dabei hinterlässt sie nur einen Abdruck, anstatt die komplette Folie zu übertragen. So entsteht ein Vintagelook, der wie aufgedruckt aussieht.

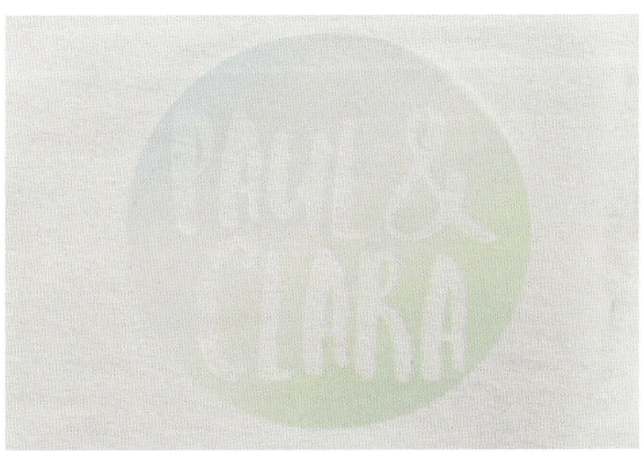


## EFFEKTFOLIEN

Chameleonschimmer oder Rastereffekt, es gibt viele Folien für besondere Zwecke. Wie wäre es z. B. mit einer Sonnenbrille, die in der Sonne schimmert?

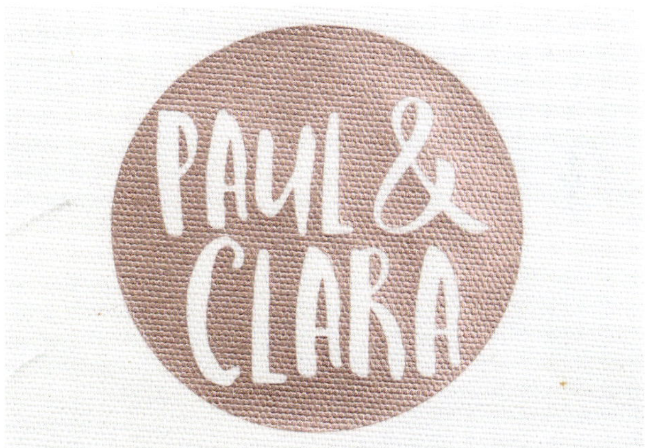


## METALLICFOLIEN

Mein absolutes Must-Have. Ich liebe, liebe, liebe Metallicfolien. Besonders Roségold ist mein Favorit. Sie basieren auf Flexfolie, sind superedel und schimmern ganz toll.

# Basics PLOTTEN MIT SILHOUETTE UND BROTHER

## PLOTTEN MIT SILHOUETTE

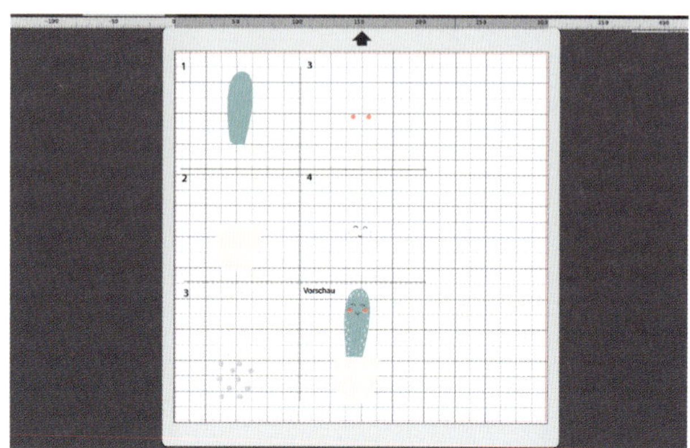

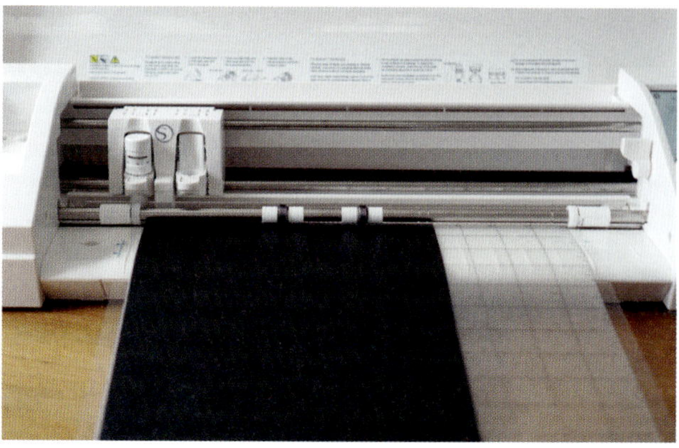

### SCHRITT 1
### DATEI VORBEREITEN

Öffne die Datei über „Öffnen" in deiner Studio-Software. Nutze in der Basisversion die DXF-, und ab der Designer Version die SVG-Datei.

Alle meine Dateien sind bereits in die Schritte zum Plotten aufgeteilt. Bei mehrfarbigen Dateien sind die Farbschichten in der richtigen Reihenfolge und am Ende eine Vorschau des fertigen Plotts enthalten. So musst du die Datei nicht selbst in die einzelnen Farben zerlegen, was oft sehr aufwendig und zeitraubend ist.

Als letzten Schritt siehst du immer die Vorschau der endgültigen Datei. Diese ist besonders in der JPG-Version wichtig, da du hier die Farben der Schritte siehst und wie das Motiv am Ende zusammengesetzt aussehen wird.

Markiere als Erstes alle Elemente mit STRG + A oder rechter Maustaste – „Alle auswählen". Danach gruppierst du am besten noch alles mit STRG + G oder rechter Maustaste – „Gruppieren", damit nichts mehr verrutschen kann.

Skaliere nun alle Elemente und achte dabei auf das Vorschaubild. Hieran kannst du die endgültige Größe abschätzen. Ganz genau siehst du die endgültige Größe, wenn du die Gruppierung wieder auflöst und nur die Vorschau auswählst, indem du eine neue Auswahl um sie ziehst und gruppierst. Jetzt siehst du die genauen Maße der Umrandung.

### SCHRITT 2
### PLOTTEN

Wähle nun für die erste Schicht eine passende Folie und klebe sie auf die Schneidematte. Anschließend lässt du die Schneidematte laden und kehrst ins Studio zurück.

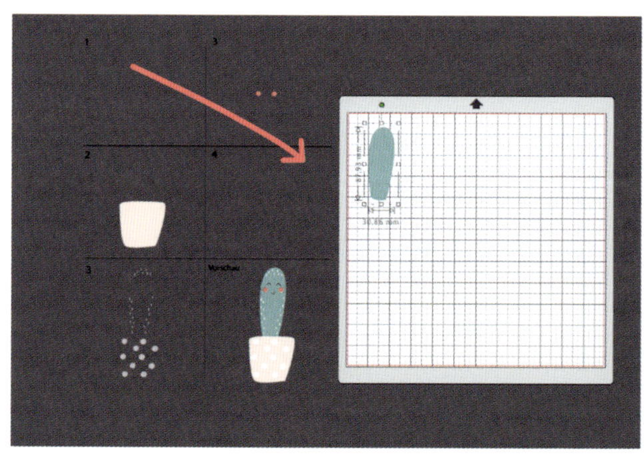

Wähle jetzt den ersten Schritt aus – gruppiere die Elemente am besten wieder vorher – und ziehe die Schneidelinien auf deine Matte. Alle anderen Schritte platzierst du neben der Schneidematte, so werden diese nicht geschnitten.

Nun gehst du auf die Schnitteinstellungen. Hier stellst du das passende Material ein wie z. B. „Wärmeübertragungsfolie (Glatt)", wenn du eine normale Flexfolie verwendest. Dadurch werden die Standard-Einstellungen bereits automatisch festgelegt. Orientiere dich jedoch immer an den Vorgaben des Folienherstellers.

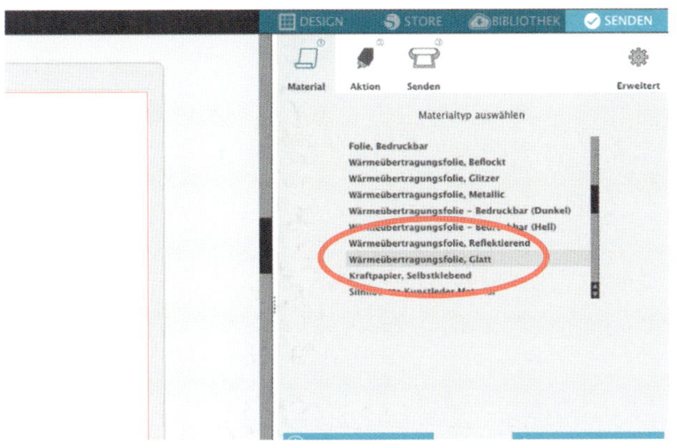


Denke an den „Testschnitt", wenn du dir bei den Einstellungen unsicher bist oder eine neue Folie testest.

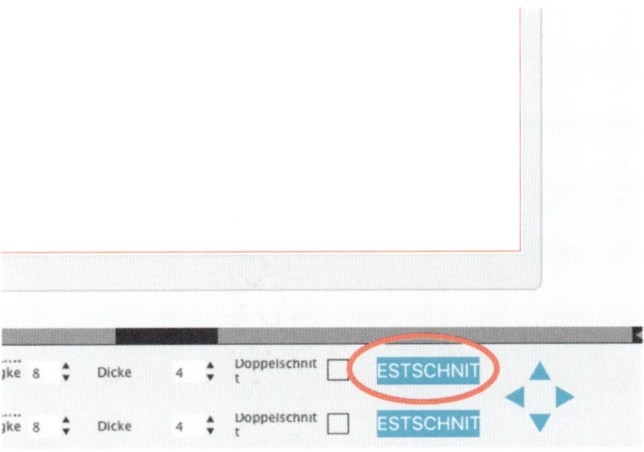


Dein Silhouette-Plotter schneidet beim Testschnitt in der rechten oberen Ecke ein kleines Viereck aus, in dem ein Dreieck enthalten ist. Entlade deine Schneidematte und versuche das Element zu entgittern. Lässt es sich ohne Probleme abziehen, sind die Einstellungen perfekt. Achte aber auch darauf, dass der Plotter nicht zu tief geschnitten hat, also dass das Trägermaterial nicht mitgeschnitten wurde.

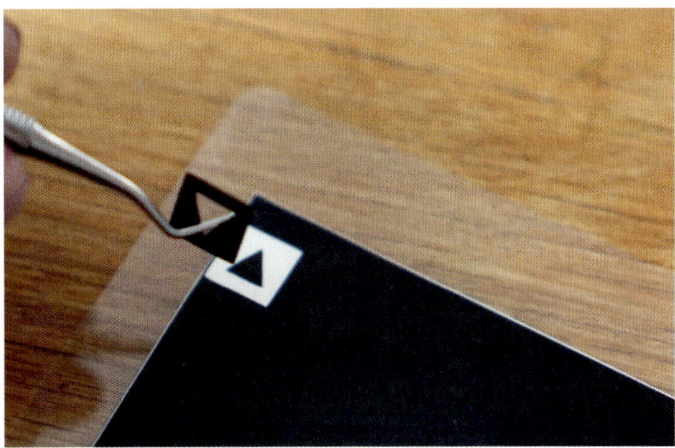

Plotte nun auf diese Weise jeden Schritt nach und nach in deinen gewünschten Folienfarben. Wenn du dir bei den Farben unsicher bist, sieh dir das JPG an – hier siehst du die Farben, die ich verwendet habe.

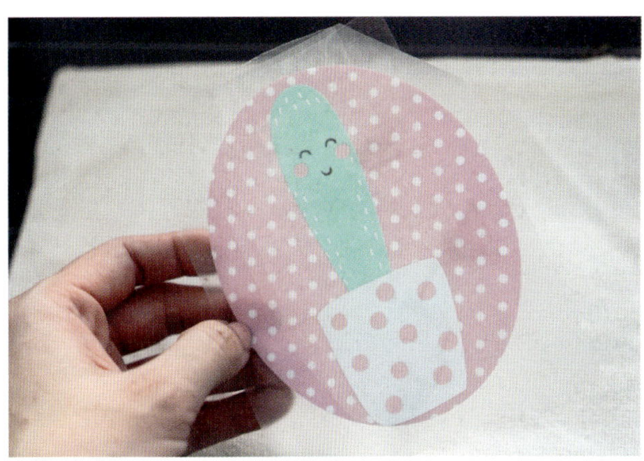

# PLOTTEN MIT BROTHER ÜBER CANVAS

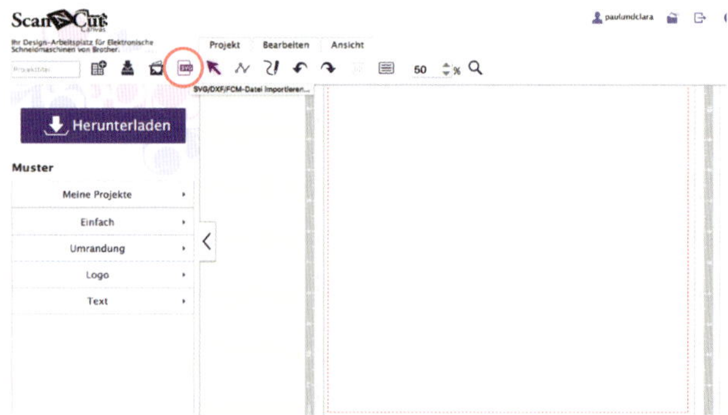


SCHRITT 1

DATEI VORBEREITEN

Öffne die SVG-Datei in deiner Canvas Software.

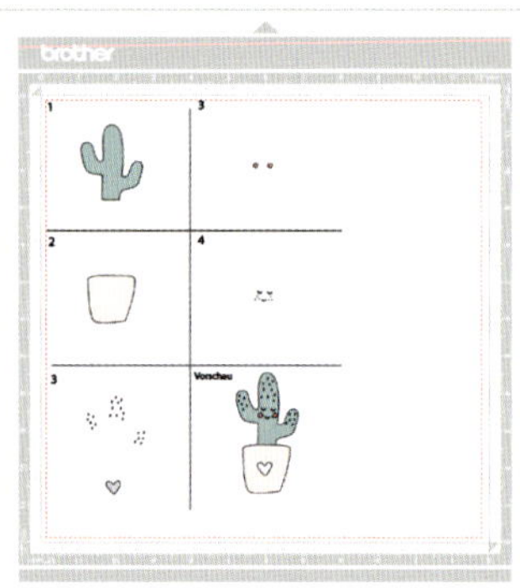

Alle meine Dateien sind bereits in die Schritte zum Plotten aufgeteilt. Bei mehrfarbigen Dateien sind die Farbschichten in der richtigen Reihenfolge und am Ende eine Vorschau des fertigen Plotts enthalten. So musst du die Datei nicht selbst in die einzelnen Farben zerlegen, was oft sehr aufwendig und zeitraubend ist.

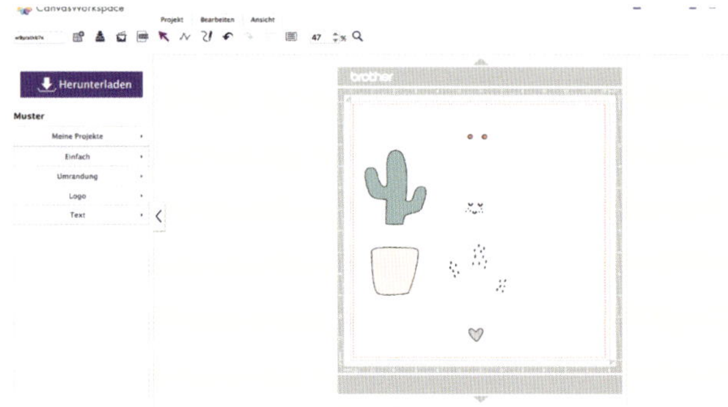


Lösche zuerst alle unnötigen Elemente und skaliere die Datei auf deine gewünschte Größe. Achte darauf, dass alle Elemente mitskalliert werden. Sonst passen die Teile später nicht aufeinander.

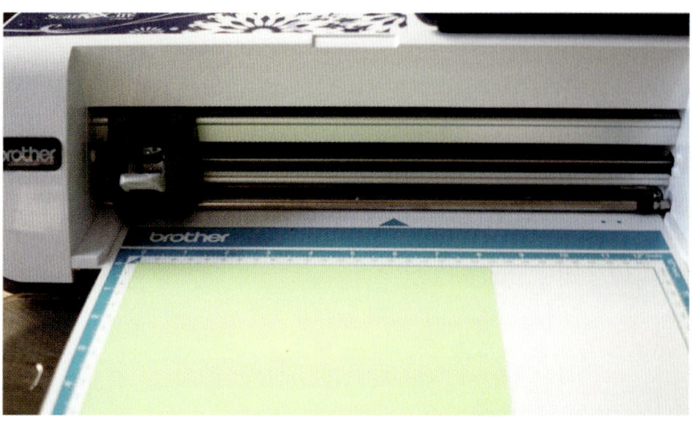


SCHRITT 2

PLOTTEN

Um die Schritte zu plotten, musst du pro Farbe eine Schnittdatei generieren. Schneide hierzu immer die Elemente, die du nicht benötigst aus und übertrage die Datei. Danach fügst du wieder alle Elemente ein und löschst die anderen Elemente aus der Datei ... usw.

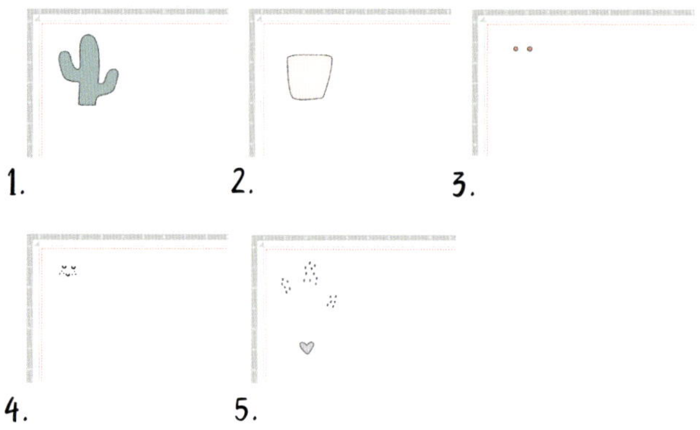


Übertrage die Dateien indem du „Herunterladen“ klickst und sie dann entweder auf deinem USB-Stick sicherst oder direkt per WLAN an deinen Plotter sendest.

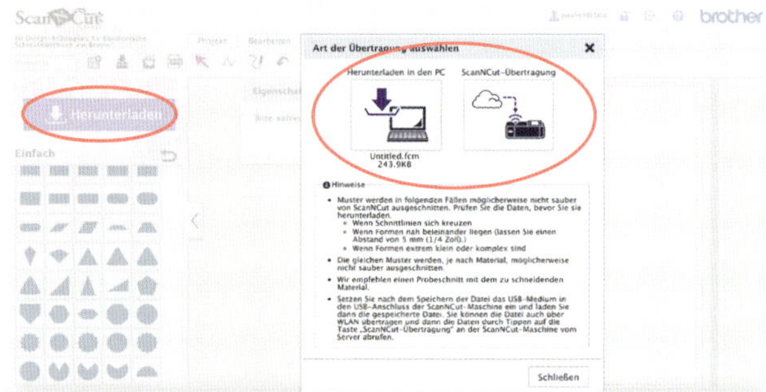


Du kannst die Datei auch komplett an deinen Plotter senden und in einem Schritt schneiden. Hierzu musst du die verschieden farbigen Folien auf deiner Matte befestigen, die Matte einscannen und dann die Elemente auf den Folienstücken ausrichten. Das geht jedoch nur, wenn du alles mit den selben Schnitteinstellungen schneiden kannst, also das gleiche Material verwendest.

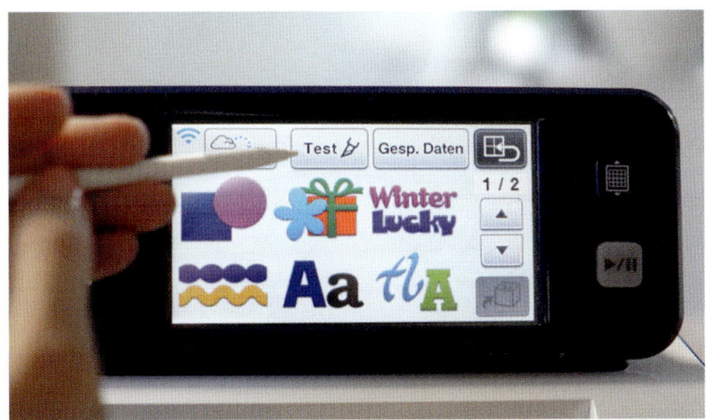


Wähle zum Plotten die passende Flexfolie und klebe sie auf die Schneidematte – die matte Seite nach oben, die glänzende (Trägermaterial) nach unten. Anschließend lässt du die Schneidematte einziehen bzw. „laden" und stellst dein Messer auf den nötigen Wert. Falls du ein neues Material schneidest und dir unsicher bist, welche Einstellungen die richtigen sind, mache unbedingt vorab einen Testschnitt. Wähle hierfür auf dem Startbildschirm „Test" und folge den Einstellungen.

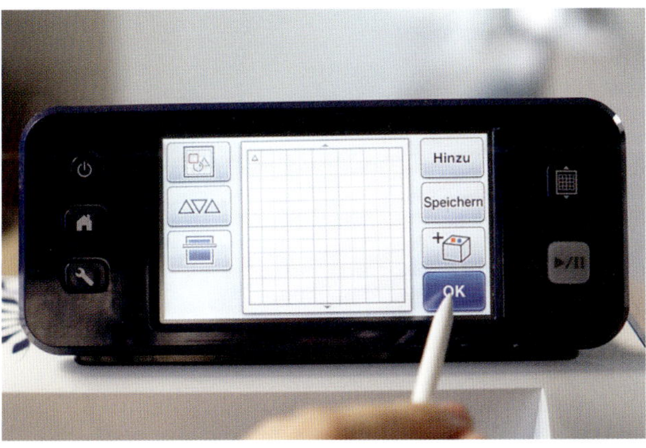


Dein Plotter schneidet beim Testschnitt ein Motiv deiner Wahl auf dein Material. „Entlade" anschließend deine Schneidematte und versuche das Element zu entgittern. Lässt es sich ohne Probleme abziehen, sind die Einstellungen perfekt. Achte aber auch darauf, dass der Plotter nicht zu tief geschnitten hat, also dass das Trägermaterial nicht mitgeschnitten wurde.

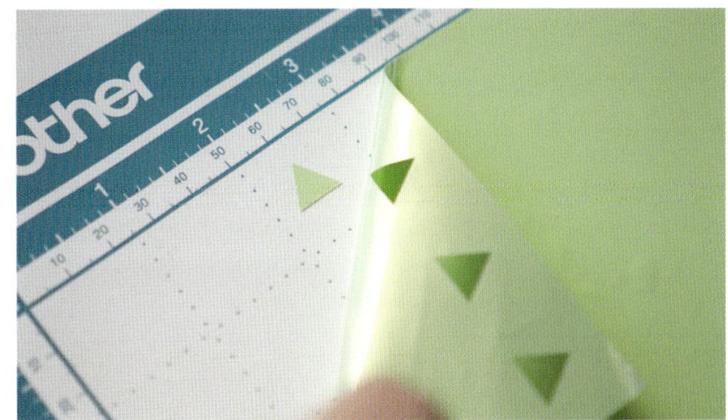

Bei dieser Testreihe war der Plott bei der Messerlänge 1 etwas zu schwer zu entgittern. Bei 2 ging es perfekt und bei 3 wurde die Trägerfolie komplett durchgeschnitten. Ich entscheide mich also für den Wert 2, um nun mein eigentliches Projekt zu starten.

Wähle als Nächstes an deinem Plotter auf dem Startbildschirm „Muster" und dann den Übertragungsbutton.

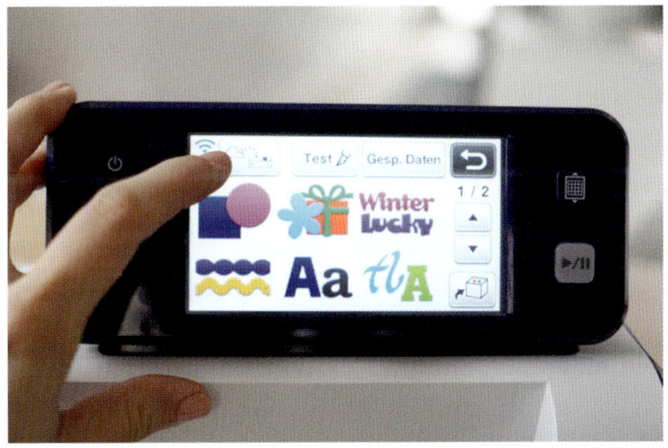


Dein Muster wird geladen und erscheint auf deiner Schneidematte. Prüfe nochmal, ob alles korrekt ist und sende den Auftrag dann an deinen Plotter.

Bestätige hierzu mit „OK", wähle dann „Schneiden" und klicke den grün leuchtenden Start-Button.

## FOLIE RICHTIG PLATZIEREN

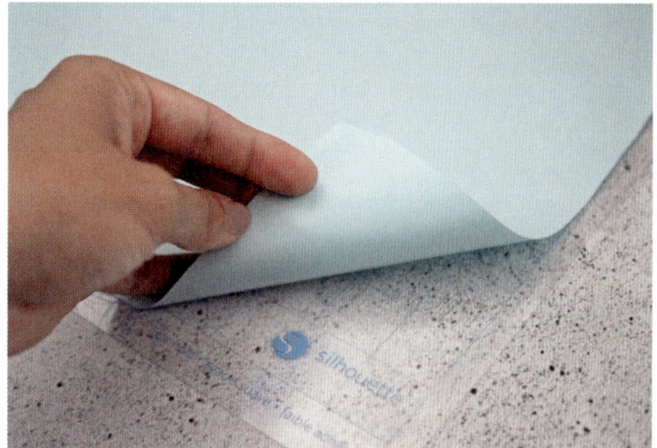


Entferne die Schutzfolie von deiner Schneidematte.

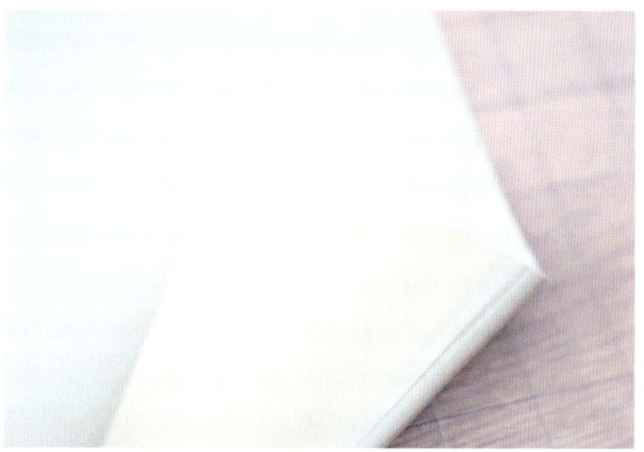

Klebe die Folie auf deine Schneidematte. Wichtig ist, dass das Trägermaterial unten liegt. Bei Flexfolien erkennt man dies an der glänzenden Seite, da das Trägermaterial oft eine durchsichtige Folie ist.

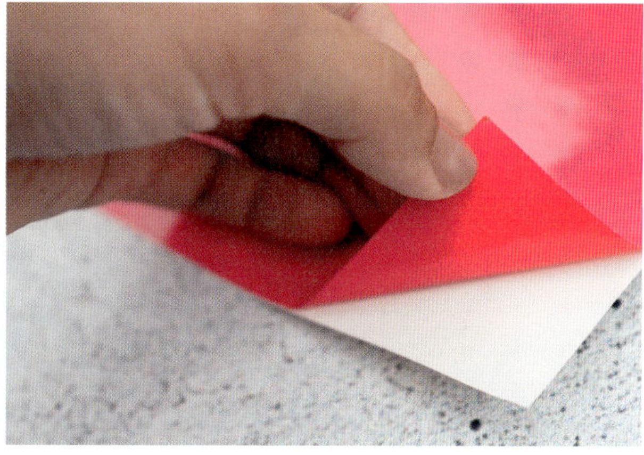

Bei Vinylfolie ist das Trägermaterial meistens weiß.

Wenn du dir unsicher bist, kannst du eine kleine Ecke deiner Folie lösen und abziehen. So siehst du schnell, welche Seite die Folie und welche das Trägermaterial ist.

## ENTGITTERN

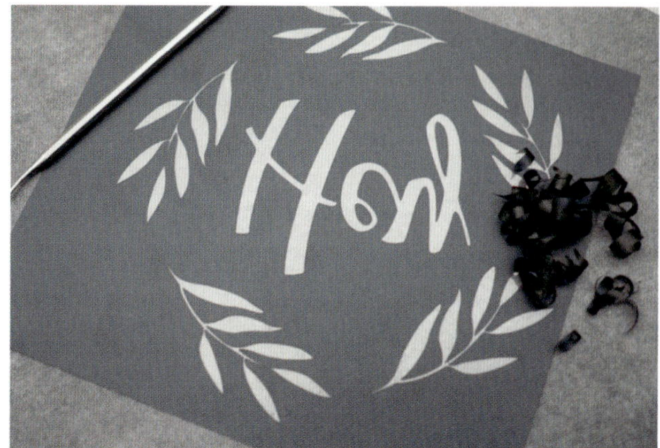

Wenn du deine Folien geplottet hast, geht es ans Entgittern. Bei großflächigen Motiven kannst du zuerst die Innenteile entgittern. Das ist angenehmer, da deine Hand nicht immer an der rückklebenden Folie haften bleibt. Gerade Konturen sind oft sehr filigran und enthalten viele Innenflächen. Hier solltest du etwas Geduld beim Entgittern mitbringen. Arbeite unbedingt ganz vorsichtig und mit Bedacht, weil man schnell eine Kontur statt eine Innenfläche erwischt.

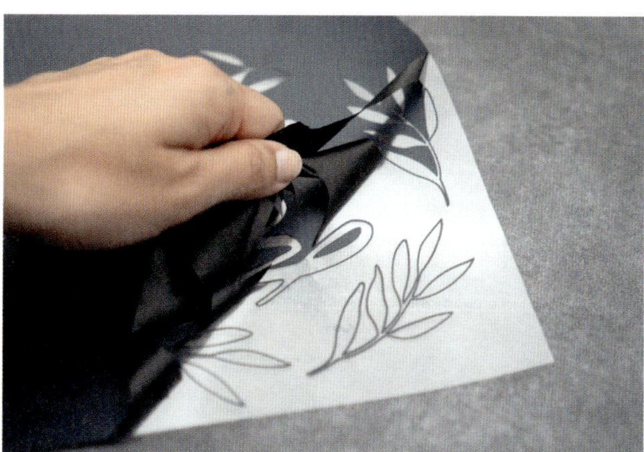

Wenn alle Innenteile entgittert sind, kannst du eine Ecke lösen und die restliche Folie abziehen. Sei jedoch vorsichtig und achte darauf, dass alle Teile auf der Trägerfolie haften bleiben. Gerade kleine Elemente hauen in diesem Schritt gerne mal ab. Halte sie zur Not einfach mit deinem Entgitterwerkzeug auf der Übertragungsfolie fest und ziehe gleichzeitig die überschüssige Folie ab.

Wenn du die Schneidelinien schlecht siehst, versuche den Plott besser zu beleuchten, z. B. mit einem Leuchttisch.

Bei manchen Motiven ist es einfacher, zuerst den Rand zu entfernen und dann die Innenteile. Das kannst du individuell entscheiden, wie es dir leichter fällt.

Wenn du mit mehreren Schichten arbeitest, kannst du diese nach dem Entgittern aufeinander legen. Durch die transparente Trägerfolie siehst du, ob dein Plott am Ende gut zusammenpasst und alle Elemente vorhanden sind.

Passt eine Schicht nicht zu den anderen, kontrolliere nochmal die Schnittdatei. Vielleicht hast du vergessen eine Farbe zu vergrößern oder zu verkleinern, sodass der Plott nicht gleichgroß ist.

Plotte die fehlerhafte Schicht dann nochmal mit den richtigen Einstellungen aus und beginne mit dem Pressen. Achte unbedingt darauf, dass die Größen identisch sind, sonst passt die neue Schicht nicht zu den alten.

## TRANSFERPRESSEN

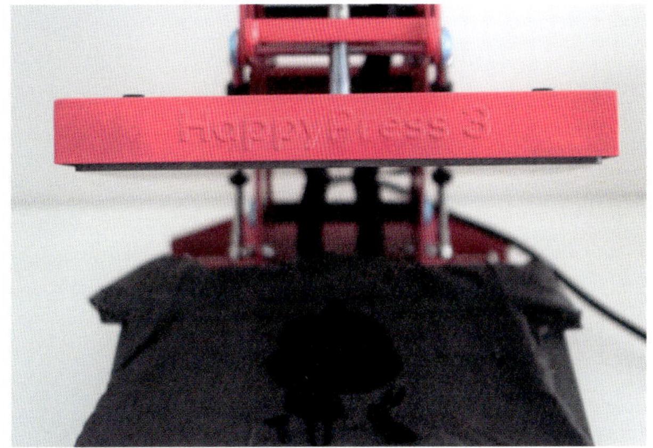


Heize die Transferpresse auf die vom Folienhersteller empfohlene Temperatur vor. Lege dann deinen Stoff ein und presse ihn ohne Folie vor. So haftet dein Plott später besser. Lege danach die Folie auf dein Textil.

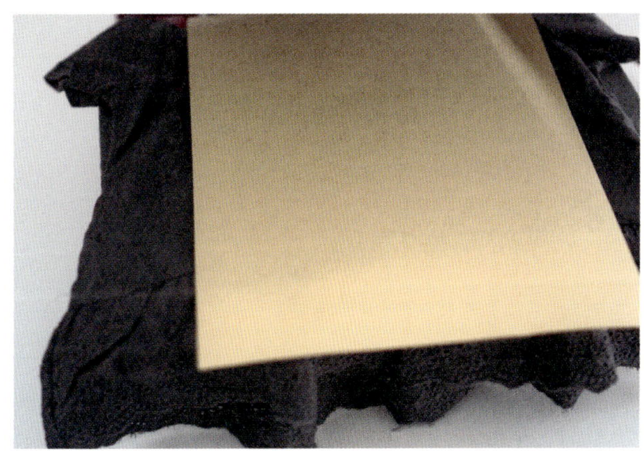

Decke die Folie mit Backpapier oder dem dazugehörigen hitzebeständigen Material ab.

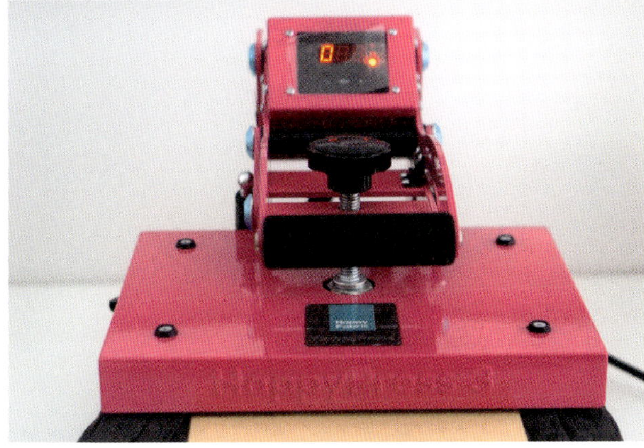

Schließe die Presse und öffne sie nach der vom Folienhersteller vorgegebenen Zeit. Wiederhole diesen Vorgang für jede Farbschicht, wenn du mehrfarbig arbeitest. Denk aber daran, deinen Plott dazwischen abkühlen zu lassen. Sonst könnten der Stoff oder die Folie zu heiß werden. Lass die Presse nach dem plotten offen abkühlen.

# MEINE FOLIEN

| | HERSTELLER | BESONDERHEIT | C° | ZEIT | FARBEN |
|---|---|---|---|---|---|
| FLEXFOLIE | | | | | |
| FLOCKFOLIE | | | | | |
| GLITZERFOLIE | | | | | |
| | | | | | |
| | | | | | |
| | | | | | |
| | | | | | |
| | | | | | |
| | | | | | |
| | | | | | |

Hier ist Platz für deine Foliensammlung. So hast du sie immer griffbereit. Du kannst alle Besonderheiten zu deinen Folien auflisten und auch deine Farben notieren. Erweitere die Liste nach deinen Anforderungen. Wenn du z. B. Flexfolien von mehreren Anbietern hast, kannst du für jeden Hersteller eine eigene Zeile nutzen.

TIPP: Schneide dir kleine Vierecke deiner Folien aus und klebe sie hier als Farbbeispiel ein. Du kannst z. B. die Reste deiner Testschnitte nehmen.

# MEINE SCHNITTEINSTELLUNGEN

| | MESSER | MESSERLÄNGE | DRUCK |
|---|---|---|---|
| Papier, 80 g | | | |
| Tonpapier, 130 g | | | |
| Karton, 250 g | | | |
| Flexfolie | | | |
| Flockfolie | | | |
| Glitzerfolie | | | |
| Vinylfolie | | | |
| | | | |
| | | | |
| | | | |
| | | | |

Sammle hier deine Messereinstellungen und habe sie so immer griffbereit. Wenn du ein neues Messer oder Material nutzt, ist es immer ratsam die Einstellung mit einem Testschnitt nochmal zu prüfen und ggf. anzupassen.

TIPP: Fange beim Testen von Schnitteinstellungen immer mit niedrigeren Werten an, als angegeben, um zu verhindern, dass deine Schneidematte beschädigt wird.

# Zubehör

ALLES, WAS DU ZUM PLOTTEN BENÖTIGST

## MESSER

Das wichtigste Werkzeug beim Plotten ist das Messer. Ohne ein scharfes, sauberes Messer kannst du nicht arbeiten.

Achte immer darauf, dass dein Messer sauber und scharf ist. Sollte dein Plotter nicht mehr gut schneiden, solltest du neben der Schneidematte immer dein Messer prüfen.

Zum Saubermachen kannst du einfach die Kappe des Messers abschrauben und mit einem Pinsel den Staub und Folienreste entfernen.

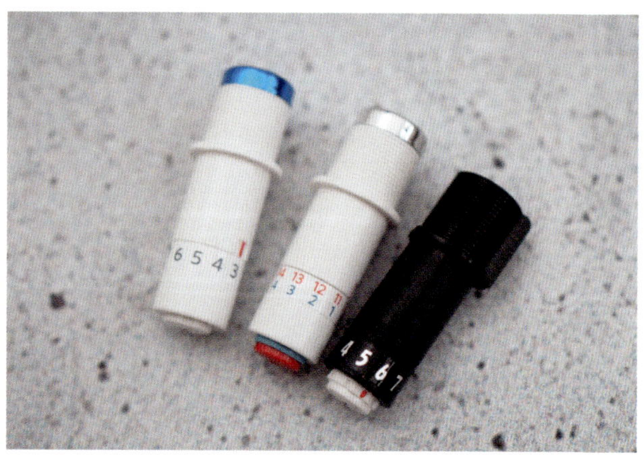

Besonders wichtig ist, dass du für jedes Material ein eigenes Messer nutzt. So bleiben deine Klingen länger scharf.

### TRICKS

1. Ist dein Messer stumpf geworden? Schneide ein paar mal durch Alufolie, dadurch wird es wieder schärfer.

2. Zum Reinigen deiner Messer kannst du die Kappen abschrauben und dort Folienreste und Ähnliches entfernen.

## SPATEL

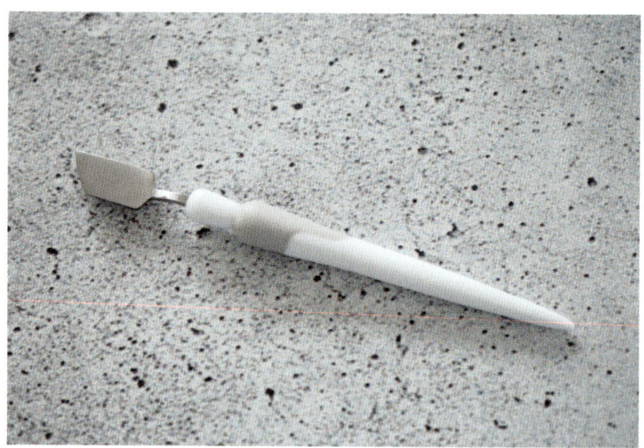

Mit dem Spatel kannst du kleine Teile von der Schneidematte anheben ohne sie zu beschädigen. Besonders bei Papier und filigranen Teilen ist das Werkzeug sehr hilfreich und schützt vor Knicken oder Schlimmerem.

## SCHNEIDEMATTEN

Die normale Schneidematte ist bei deinem Plotter immer dabei und wird dich auch eine Weile begleiten, da sie mit entsprechender Pflege sehr langlebig ist.

Zusätzlich gibt es für empfindliche Materialien noch eine leicht klebende Schneidematte. Jeder, der mal auf die Idee kam, Kopierpapier auf der normalen Matte zu schneiden, wird ihren Zweck verstehen. Ich nutze sie immer für die Arbeit mit Papier, da die Klebekraft dafür ideal ist und man das Material auch leicht wieder lösen kann.

Wenn deine Matte verschmutzt ist und die Klebekraft deswegen nachlässt, kannst du sie ganz einfach mit ölfreien Babyfeuchttüchern reinigen. Gut trocknen lassen und danach ist sie fast wie neu.

# Entgitterwerkzeuge

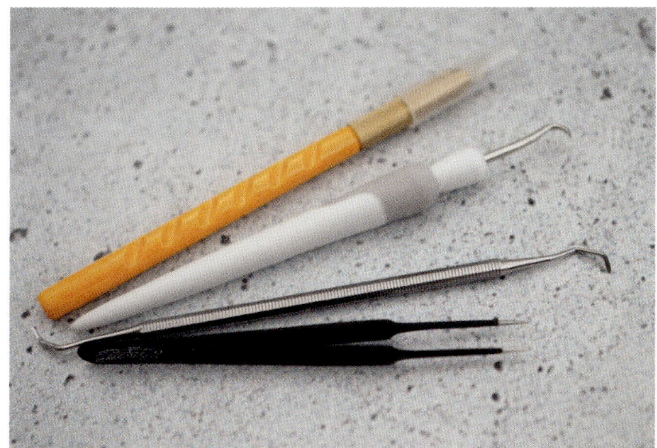

Beim Entgittern hat jeder seine eigenen Vorlieben. Ich stelle dir hier verschiedene Tools vor, aber es gilt wirklich: Ausprobieren!

Es gibt den Haken, z. B. von Brother. Mit ihm kannst du wunderbar Folie aufpieksen und hochheben. Er ist ein toller Begleiter, der nur selten an seine Grenzen kommt.

Ich persönlich liebe meinen Skalpell. Er ist so schön filigran, dass selbst komplizierte Plotts sich gut entgittern lassen. Und ist mal etwas nicht richtig geschnitten worden, kann man ganz fix nachhelfen.

Viele schwören auf Zahnarztbesteck, insbesondere Zahnsteinentferner. Sie haben einen tollen Grip und liegen sehr gut in der Hand. Zudem ist die Spitze gebogen und ermöglicht so, ähnlich wie beim Haken, ein leichtes Anheben der Folienteile.

Wer möchte, kann auch eine Pinzette ausprobieren, es gibt ganz feine Pinzetten mit langen, spitzen Enden. Mit ihnen kann man sehr filigrane Teile einfach anheben.

Wenn du mal nichts zur Hand hast, kannst du auch eine Stecknadel benutzen. Wirklich bequem ist das aber nicht.

# Rakel

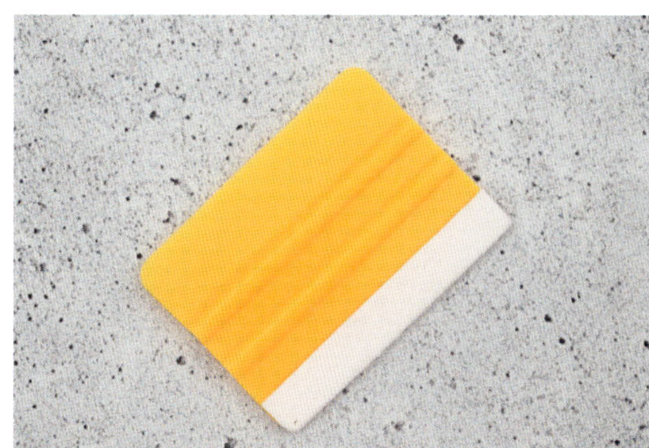

Unverzichtbar bei der Arbeit mit Vinyl und Schablonen ist ein Rakel. Ohne ihn ärgert man sich am Ende nur über Luftblasen und Folie, die sich nicht von der Übertragungsfolie lösen lässt.

Alternativ kannst du auch eine Kreditkarte oder etwas Ähnliches verwenden.

Die Filzkante beim Rakel dient dazu, dass die Folie beim darüberstreichen nicht zerkratzt.

# Stifte

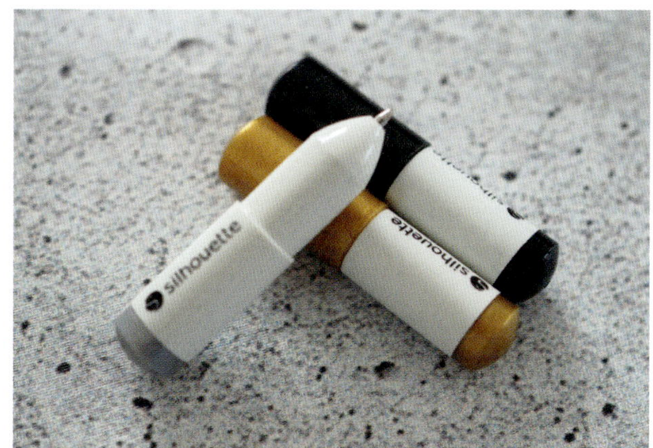


Für den Plotter gibt es auch Stifte. Diese kannst du anstelle des Messers in die Halterung einsetzen. So kannst du statt zu schneiden, schöne Dinge zeichnen.

Es gibt verschiedene Farben, die in den speziellen Stiftehalter eingesetzt werden können.

Zusätzlich können mit dem Universal Stiftehalter auch eigene Stifte benutzt werden.

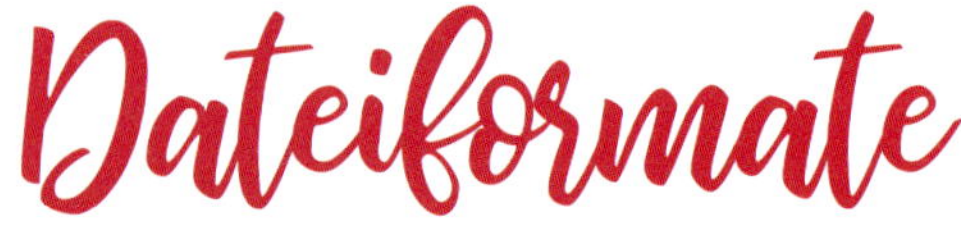

# Dateiformate

## DIE WICHTIGSTEN FORMATE UND IHRE VERWENDUNG

| | |
|---|---|
| FCM | Eigenes Dateiformat von Brother. Wenn du eine Datei in Canvas oder am Plotter speicherst, wird sie im FCM-Format abgespeichert. |
| DXF | Das Standard-Format für gekaufte Dateien. Lässt sich in Silhouette Studio öffnen. In Canvas kann das Format aber meist nicht verwendet werden. Hierfür müsste die Datei vorher in das SVG-Format konvertiert werden, z. B. mit der kostenlosen Software Inkscape. DXF bedeutet Drawing Interchange Format und wurde extra für den Austausch von Vektordaten zwischen Programmen entwickelt. Der einzige Nachteil ist, dass durch das sehr einfache Format die Farbinformationen der Dateien verloren gehen und lediglich die reinen Schneidelinien dargestellt werden. |
| SVG | SVG-Dateien lassen sich meist ohne Probleme mit Canvas öffnen und bieten mehrere Vorteile. Zum einen haben sie durch die bessere Komprimierung weniger Ankerpunkte, wodurch der Schneidevorgang flüssiger läuft, und zum anderen werden die Farbflächen mit abgespeichert. Je nachdem, wie eine SVG-Datei abgespeichert wurde, wird sie anders in Canvas dargestellt. SVG-Dateien können in Silhouette Studio nur ab der Designer Version (kostenpflichtes Upgrade) geöffnet werden. |
| PNG | Perfekt für Print & Cut, da hier der Hintergrund transparent abgespeichert werden kann. PNG ist jedoch eine Pixeldatei und enthält daher keine Schneidelinien. Dafür müssen die Bilder erst nachgezeichnet werden. |
| JPG | Verwende ich immer als Vorschau für die Dateien, damit jeder sie in Farbe betrachten kann. Ist auch für Print & Cut geeignet, hat jedoch keinen transparenten Hintergrund. |

Weitere Formate wie PDF, EPS, GIF oder TIF können zwar teilweise direkt oder über Umwege in Canvas und Silhouette Studio geöffnet werden, gehören aber nicht zu den gängigen Dateiformaten. Mit deinem Brother Plotter kannst du sogar PES-Dateien öffnen und verarbeiten.

# Notizen

NOTIERE HIER, WAS DIR SONST NOCH WICHTIG IST.

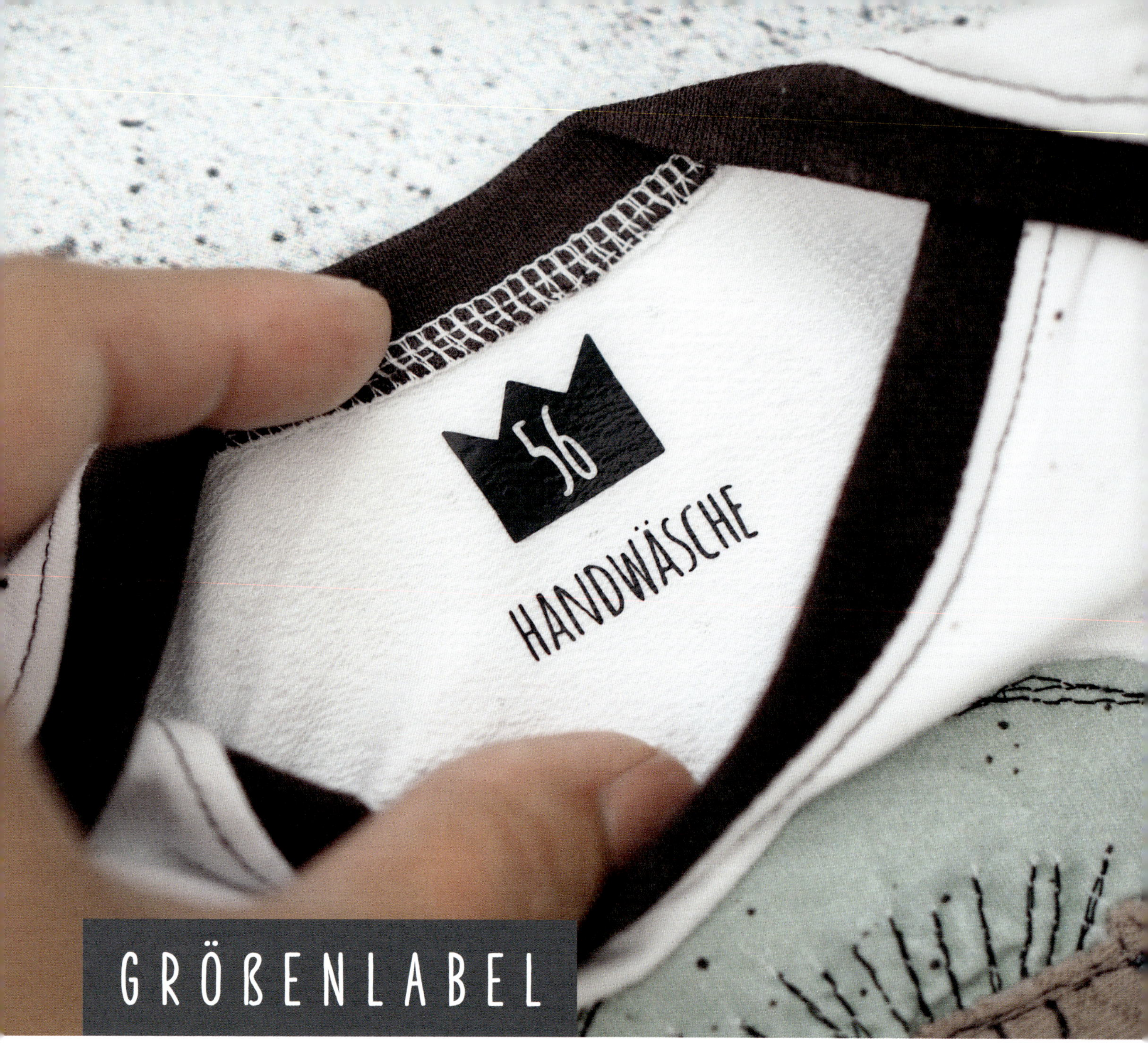

# GRÖẞENLABEL

## EINFARBIG PLOTTEN

LUST AUF COOLE GRÖẞENLABELS, DIE DEINE HANDMADE-SCHÄTZE NOCH SCHÖNER MACHEN? DANN LOS, STARTEN WIR MIT UNSEREM ERSTEN TEXTILEN PLOTT-PROJEKT! ERSTMAL GANZ EASY ZUM ÜBEN. LOS GEHT´S!

SCHWIERIGKEIT 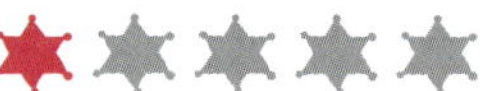

### MATERIAL

- Flexfolie in Schwarz, ca. A4
- Entgitterwerkzeug
- Bügeleisen oder Presse

### VORLAGEN

- paulundclara_groessenlabel (1 VORLAGEN-SET)

### SCHRITT 1

DATEI VORBEREITEN

Öffne die Datei „groessenlabel“ in deiner Software.

Markiere alle Elemente, die du nicht plotten möchtest und lösche sie dann mit rechter Maustaste – „Löschen“. Danach ordnest du die Labels platzsparend an und duplizierst sie, wenn du mehrere von einer Sorte benötigst. So baust du dir deinen eigenen Bogen ganz nach deinen Bedürfnissen. Achte darauf die Labels nicht zu klein zu skalieren, da sie sonst zu filigran werden und nicht mehr geplottet werden könnten.

Anschließend gruppierst du noch alle Elemente. Wähle hierfür alles aus und gruppiere dann mit rechter Maustaste – „Gruppieren“.

Nun kommt der wichtigste Schritt, wenn du Texte auf Thermotransferfolie plottest: SPIEGELN! Schreib dir das am besten riesig auf deinen Plotter, da man es immer wieder vergisst. Glaub mir!

Wähle hierfür den Text aus und klicke bei der Brother Software Canvas im Bearbeiten-Fenster unter „Spiegeln“ auf „Horizontal“ bzw. bei Silhouette Studio rechte Maustaste - „Horizontal wenden“.

### SCHRITT 2

PLOTTEN

Kann es los gehen? Dann wähle eine Flexfolie in der Farbe deiner Wahl und klebe sie mit der glänzenden Seite nach unten auf die Schneidematte. Anschließend lädst du die Schneidematte und stellst dein Messer auf den passenden Wert für Thermotransferfolie (glatt).

Falls du ein neues Material schneidest und dir unsicher bist, welche Einstellungen die richtigen sind, mache unbedingt vorab einen Testschnitt. Wenn beim Testschnitt alles klappt und sich der Plott ohne Probleme entgittern lässt, kannst du die Datei an deinen Plotter senden.

### SCHRITT 3

ENTGITTERN (A–D)

Entlade die Schneidematte und löse vorsichtig die Folie von der Matte. Wenn du die Folie nicht ganz ausgenutzt hast, kannst du sie vor dem Abziehen der überschüssigen Folie noch zurechtschneiden, indem du nur den Bereich auf dem geplottet wurde, grob ausschneidest. Die übrige Folie kannst du nochmal benutzen.

Das Entgittern bei dieser Vorlage ist etwas schwerer, da die Schriften viele Ecken und Kanten haben, in denen die Folie hängen bleiben kann. Sei deswegen ganz vorsichtig und kontrolliere beim Abziehen immer, wo genau der Plott sitzt. Löse hierfür zuerst an einer Ecke die Folie vom Trägermaterial und ziehe sie langsam ab (B–C). Jetzt kannst du mit dem Haken oder einem anderen Entgitterwerkzeug die Innenteile der Schrift entfernen (D). Sei vorsichtig, nicht dass du die Folie beschädigst, die bleiben soll.

### SCHRITT 4

PRESSEN (E–F)

Presse den Stoff kurz vor, so haftet dein Plott später besser. Schneide dann das Etikett grob aus und klebe es auf deinen Stoff. Decke alles mit Backpapier ab und presse den Plott gemäß den Angaben deines Folienherstellers (E). Ziehe danach den Träger je nach Folie heiß oder kalt ab (F). Kontrolliere beim abziehen, ob der Plott gut haftet. Falls nicht, kannst du nochmal nachpressen.

Fertig ist dein Größenlabel, das garantiert nicht kratzt und deine Handmade Stücke noch besonderer macht.

## Tipp

Achte darauf, dass du hochwertige Folien benutzt. Gerade bei den ersten Tests wirst du sonst schnell verzweifeln, weil das Schneiden nicht klappt oder die Folie nicht am Stoff haften will.

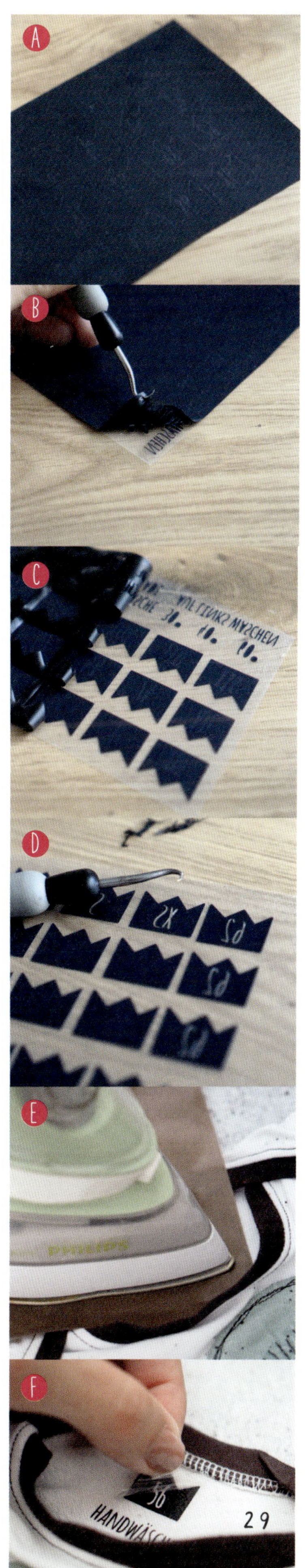

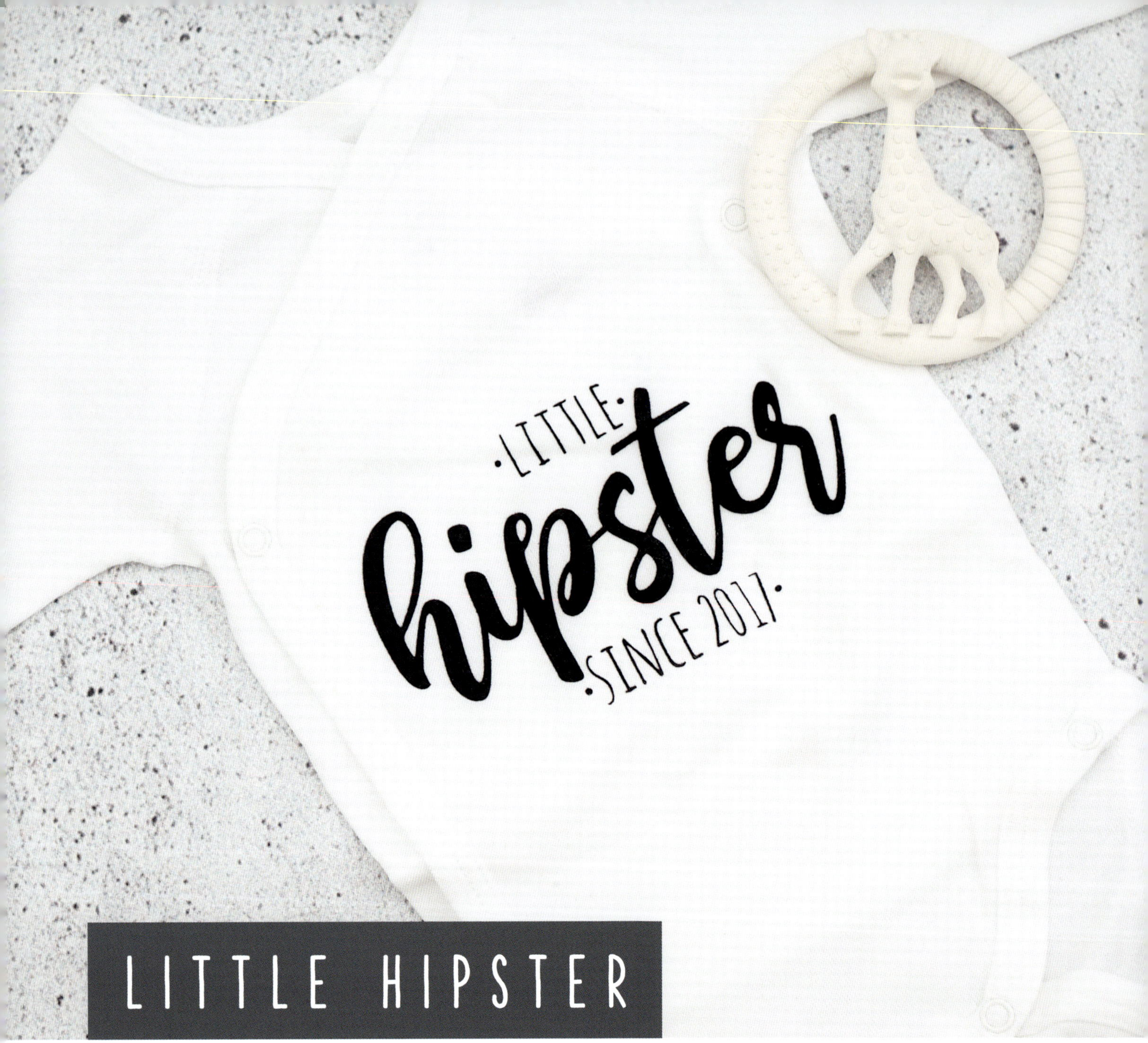

# LITTLE HIPSTER

## FLOCKFOLIE PLOTTEN

NACHDEM DU FLEXFOLIE JETZT SCHON KENNENGELERNT HAST, LASS UNS JETZT FLOCKFOLIE AUSPROBIEREN. FLOCKFOLIE IST GANZ GROßARTIG, WEIL SIE UNGLAUBLICH HOCHWERTIG WIRKT. DOCH SIE IST ANDERS ZU VERARBEITEN ALS FLEXFOLIE. ICH ZEIGE DIR DIE WICHTIGSTEN KNIFFE.

SCHWIERIGKEIT 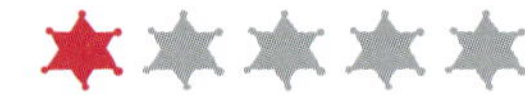

### MATERIAL

- Flockfolie in Schwarz, ca. A4
- Entgitterwerkzeug
- Bügeleisen oder Presse

### VORLAGEN

- paulundclara_littlehipster (1 VORLAGEN-SET)

**SCHRITT 1**

DATEI VORBEREITEN

Öffne die Datei „littlehipster" in deiner Software. Ich habe dir für die Jahreszahl die einzelnen Zahlen mit in die Datei gelegt. Baue dir daraus deine individuelle Jahreszahl für deinen Plott. Lösche dann alles andere aus der Datei und skaliere den Plott auf die nötige Größe für dein Projekt.

Nun kommt wieder der wichtigste Schritt, wenn du Texte auf Thermotransferfolie plottest: SPIEGELN!

**SCHRITT 2**

PLOTTEN

Zufrieden? Dann klebe die Flockfolie mit der glänzenden Seite nach unten auf die Schneidematte. Anschließend lädst du die Schneidematte und stellst dein Messer auf den passenden Wert für Thermotransferfolie (beflockt). Flockfolie ist deutlich dicker als Flex und benötigt einen höheren Wert beim Messer und Anpressdruck. Orientiere dich an den Angaben deines Folienherstellers.

Falls du ein neues Material schneidest und dir unsicher bist, welche Einstellungen die richtigen sind, mache unbedingt vorab einen Testschnitt. Wenn beim Testschnitt alles klappt und sich der Plott ohne Probleme entgittern lässt, kannst du die Datei an deinen Plotter senden.

**SCHRITT 3**

ENTGITTERN (A–E)

Entferne die Folie nach dem Plotten von der Schneidematte. Löse als erstes an einer Ecke die Folie vom Trägermaterial und ziehe sie langsam ab (B–C). Flockfolie reißt bei leichtem Zug schnell. Sie ist nicht so dehnbar wie Flexfolie. Dadurch musst du beim Entgittern etwas feinfühliger sein. Durch den Flock verliert die Trägerfolie ihre rückklebende Eigenschaft fast vollständig. Dadurch kannst du einmal abgelöste Teile nicht nochmal auf die Trägerfolie zurückkleben. Sei deswegen besonders vorsichtig bei kleineren Elementen. Als Letztes werden noch die Innenteile der Schrift entgittert (D–E).

**SCHRITT 4**

PRESSEN (F)

Presse den Stoff wieder kurz vor und presse dann den Plott gemäß den Angaben deines Folienherstellers. Kontrolliere auch, ob die Folie heiß oder kalt abgezogen wird.

Flock kannst du, wie Flex, nochmal nachpressen, sollte der Plott noch nicht sicher am Textil haften.

Nach dem Abziehen (F) der Trägerfolie, siehst du jetzt, was Flock wirklich besonders macht. Die Folie ist leicht erhaben und hat eine pelzige Oberfläche. Gerade bei Texten ist das ein toller Effekt und sieht auf den ersten Blick nicht wie ein klassischer Plott aus.

## Tipp

Flockfolie ist nicht für mehrschichtige Anwendungen geeignet. Sie wird dadurch zum einen zu dick, zum anderen haftet sie auch nicht gut aufeinander. Wenn du mehrfarbig arbeiten möchtest, muss der Plott ohne Überlappungen gestaltet sein.

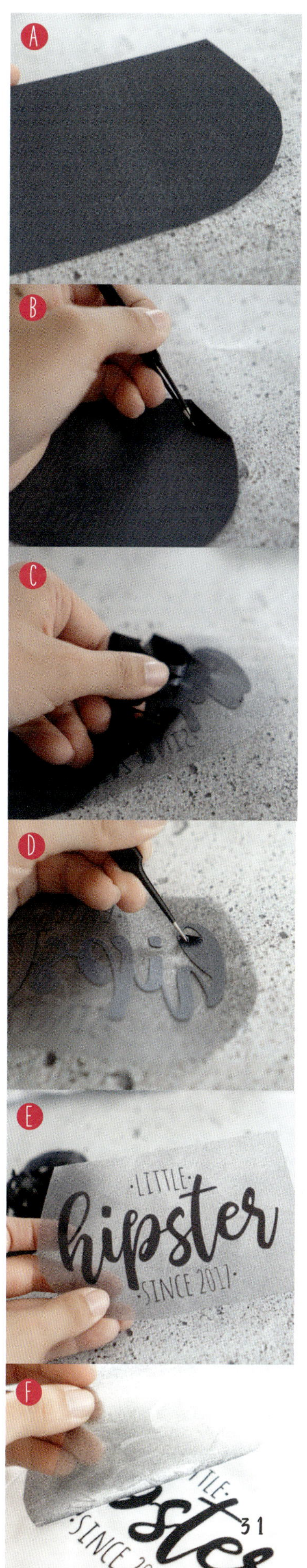

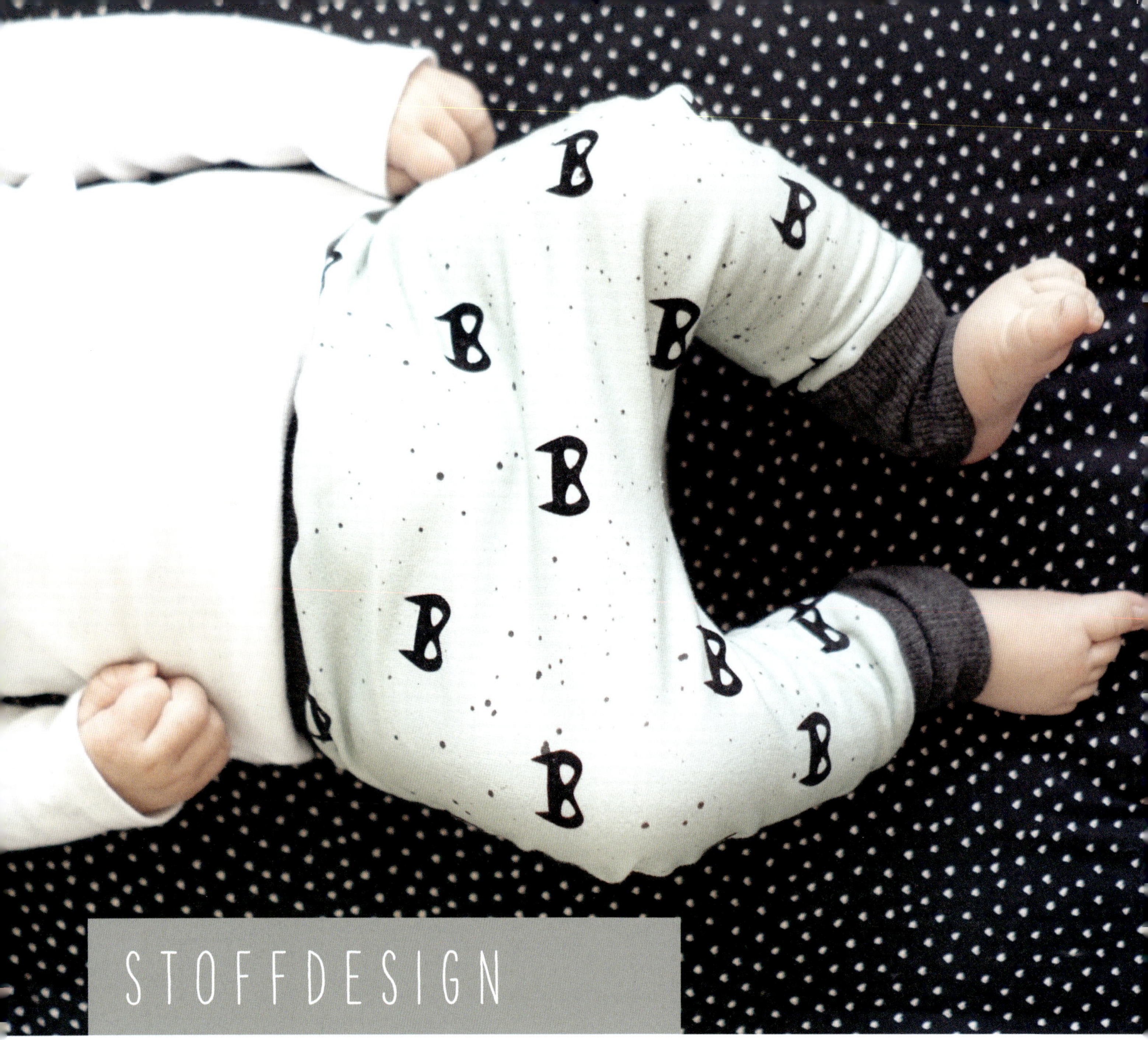

# STOFFDESIGN

## MIT MICROPLOTTS

HAST DU GENUG VON LANGWEILIGEN STOFFEN? DANN DESIGNE DIR DOCH DEINEN EIGENEN! ICH HABE DIR EIN PAAR RICHTIG COOLE MICROPLOTTS ERSTELLT, MIT DENEN DU AUS JEDEM BASICSTOFF EIN ECHTES UNIKAT MACHST.

SCHWIERIGKEIT 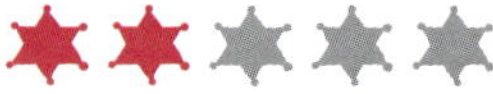

### MATERIAL

- Basic-Stoff deiner Wahl
- Flock- oder Flexfolie in Schwarz, ca. A4
- Entgitterwerkzeug
- Bügeleisen oder Presse

### VORLAGEN

- paulundclara_micro (1 VORLAGEN-SET)

SCHRITT 1

DATEI VORBEREITEN

Öffne die Datei „micro“ in deiner Software.

Markiere alle Elemente, die du nicht plotten möchtest und lösche sie mit rechter Maustaste – „Löschen“. Danach skalierst du den Mircoplott deiner Wahl auf die gewünschte Größe und duplizierst das Motiv beliebig oft. Ordne dann alles platzsparend auf deiner Schneidematte an.

SCHRITT 2

PLOTTEN

Klebe die Folie auf die Schneidematte und schneide deine Datei mit den passenden Einstellungen für die gewählte Folie. Ich nutze Flockfolie, so wirken die Elemente später besonders edel.

SCHRITT 3

ENTGITTERN (A–B)

Entlade die Schneidematte und löse die Folie vorsichtig von der Matte. Entgittere die Motive mit deinem Entgitterwerkzeug (A). Hier ist teilweise Fleißarbeit gefragt, wenn das Motiv wie in meinem Fall Innenteile hat. Aber du schaffst das!

Schneide jetzt noch die einzelnen Motive grob aus. So erhältst du kleine Rechtecke mit je einem Motiv (B).

SCHRITT 4

PRESSEN (C–E)

Schneide deinen Stoff vor dem Pressen am besten schon zu, so weißt du gleich genau, wo du die Plotts positionieren musst.

Klebe die einzelnen Motive in der Anordnung deiner Wahl auf den Stoff (C). Probiere ruhig verschiedene Varianten aus, bis du zufrieden bist.

Presse als Nächstes den Plott gemäß der Folienangaben (D). Es kann sein, dass du mehrmals die Postion wechseln musst, da du ja den kompletten Stoff beplottest. Versuche, nur die noch nicht beplotteten Elemente zu pressen und lass den Stoff zwischen den Pressvorgängen abkühlen. So vermeidest du, dass deine Folie zu heiß wird und evtl. schrumpft.

Ziehe abschließend die Trägerfolien ab (E) und nähe aus deiner exklusiven Eigenproduktion ein Unikat.

## Tipp

Du kannst natürlich auch gekaufte Kleidungsstücke mit den Microplotts aufhübschen. So machst du aus einem schnöden Basicshirt ein Designerstück.

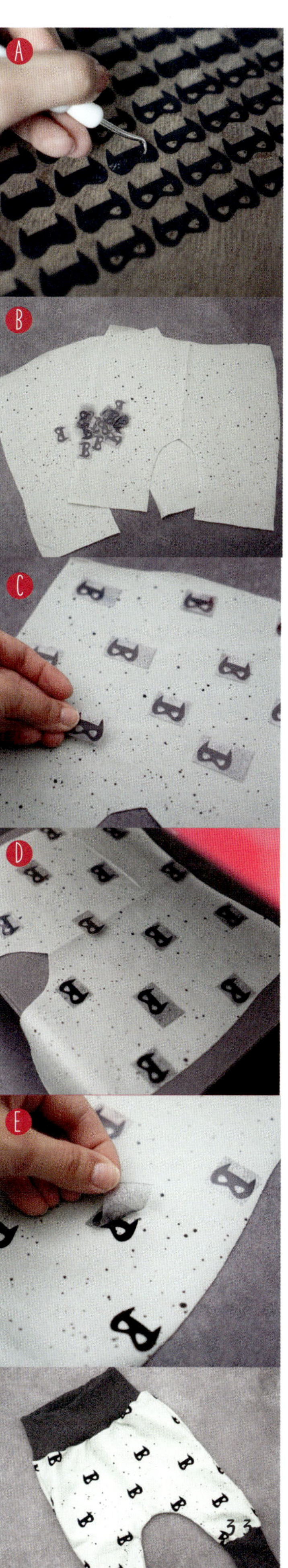

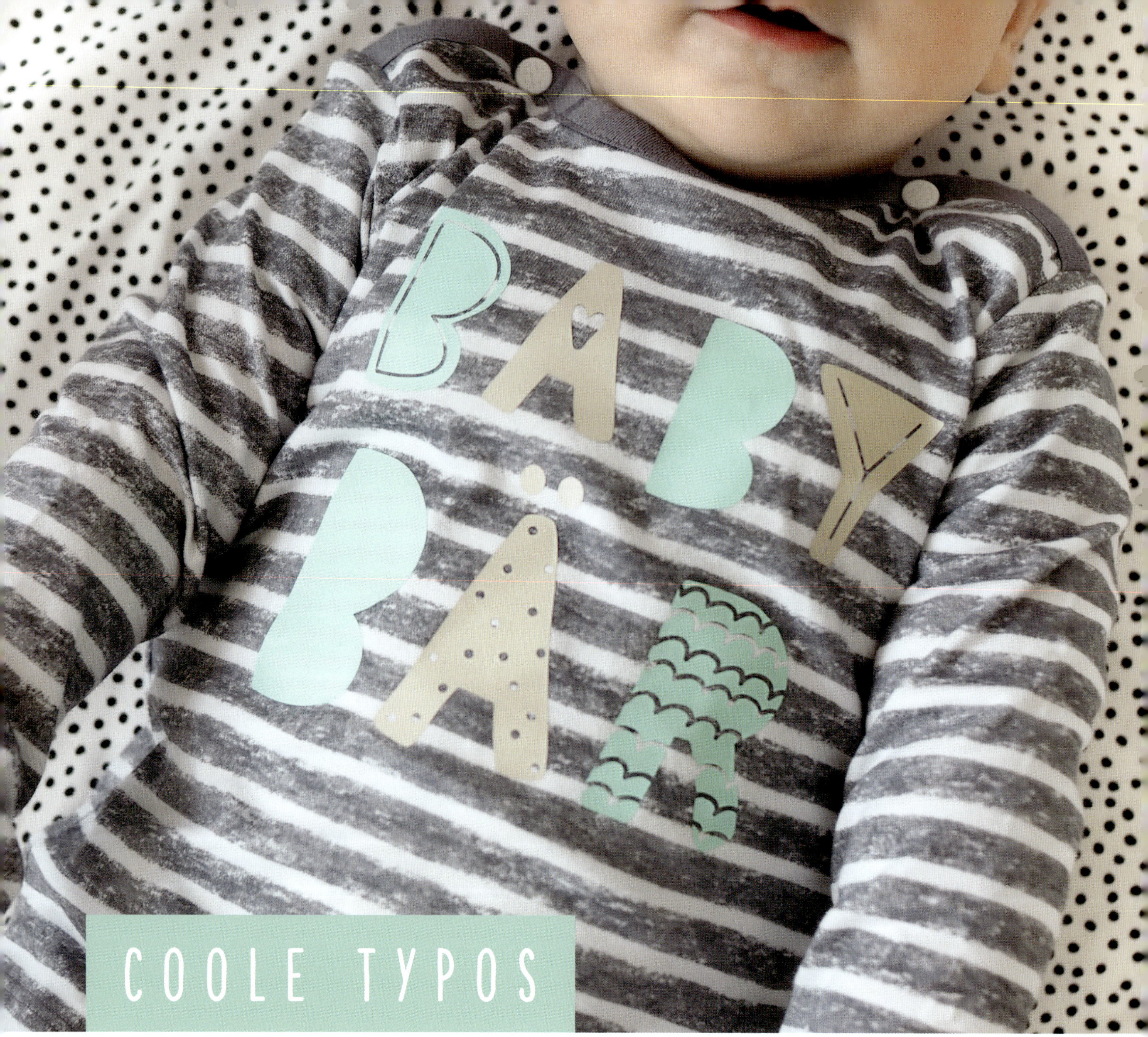

# COOLE TYPOS

## FOLIENRESTE NUTZEN

BEI JEDEM PROJEKT BLEIBEN KLEINE FOLIENRESTE ÜBRIG. VIEL ZU SCHADE, UM SIE AUSZUSORTIEREN. ICH ZEIGE DIR, WAS DU NOCH AUS IHNEN ZAUBERN KANNST UND WIE DU SIE SCHNELL VERARBEITEST.

SCHWIERIGKEIT 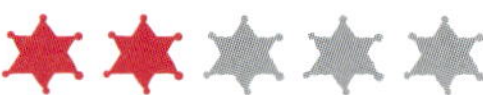

### MATERIAL

- Folienreste in Mint und Beige (am besten nur eine Sorte z. B. Flex)
- Entgitterwerkzeug
- Bügeleisen oder Presse

### VORLAGEN

- paulundclara_heybaby (1 VORLAGE)
- paulundclara_xoxo (1 VORLAGE)
- paulundclara_toocool (1 VORLAGE)
- paulundclara_love (1 VORLAGE)
- paulundclara_wow (1 VORLAGE)

**SCHRITT 1**

DATEI VORBEREITEN

Öffne die Datei deiner Wahl in deiner Software und spiegle sie.

Setze jeden Buchstaben in einen Teilbereich deiner Schneidematte. Lass genug Platz zwischen ihnen. Ich nehme ca. 3 x 3 Kästchen für jeden Buchstaben.

**SCHRITT 2**

PLOTTEN (A–B)

Klebe deine Folienreste auf die Schneidematte (A–B). Orientiere dich an den Bereichen, in denen deine einzelnen Buchstaben im Programm liegen. Schneide die Reste wenn nötig etwas zurecht.

Wenn du nur das gleiche Material schneidest, kannst du die komplette Folie in einem Schritt schneiden lassen. Bei einem Materialmix musst du den Schneidevorgang aufteilen und jede Folienart mit der entsprechenden Einstellung plotten.

**SCHRITT 3**

ENTGITTERN (C)

Entlade die Schneidematte und löse vorsichtig die Folienstücke von der Matte und entgittere sie (C).

Kleine Innenteile kannst du besser erkennen, wenn du den Plott etwas ins Licht hältst oder einen Lichttisch nutzt.

**SCHRITT 4**

PRESSEN (D–F)

Presse den Stoff vor, damit der Plott später besser haftet. Schneide zuerst die Trägerfolie der Buchstaben knappkantig zurück (D). So kannst du sie eng aneinander positionieren (E) und in einem Schritt pressen.

Presse anschließend die Buchstaben auf und entferne die Trägerfolie (F).

## Tipp

Nutze beim Silhouette Plotter die Silhouette Pixscan-Matte, um wie beim Brother ScanNCut mit der Scanfunktion die Postion der Elemente noch besser zu justieren. So hast du noch weniger Verschnitt.

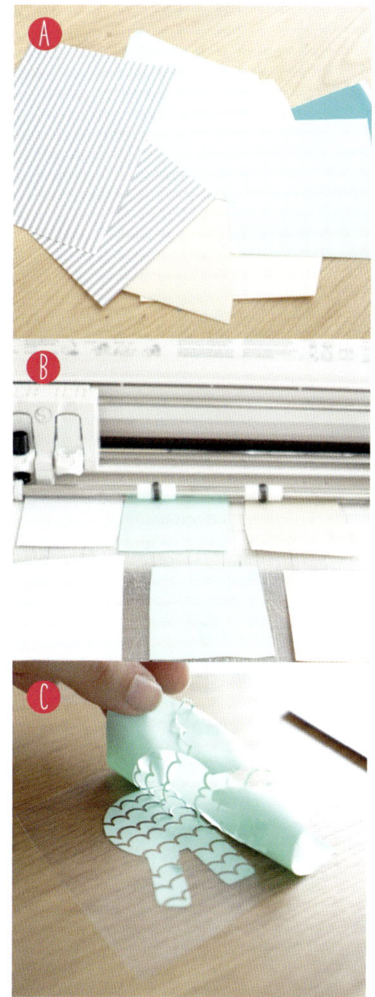


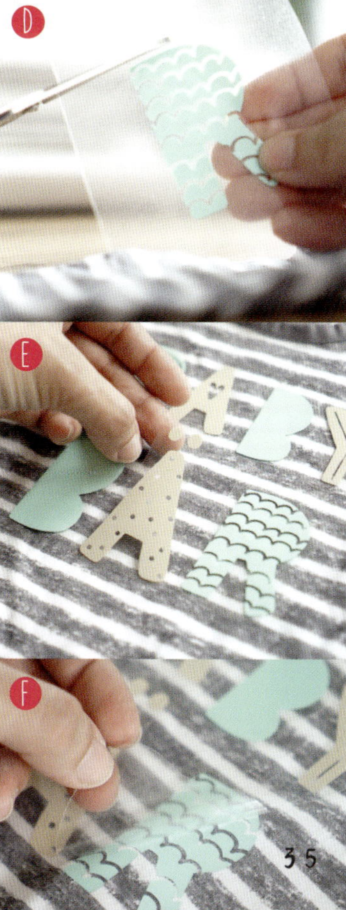

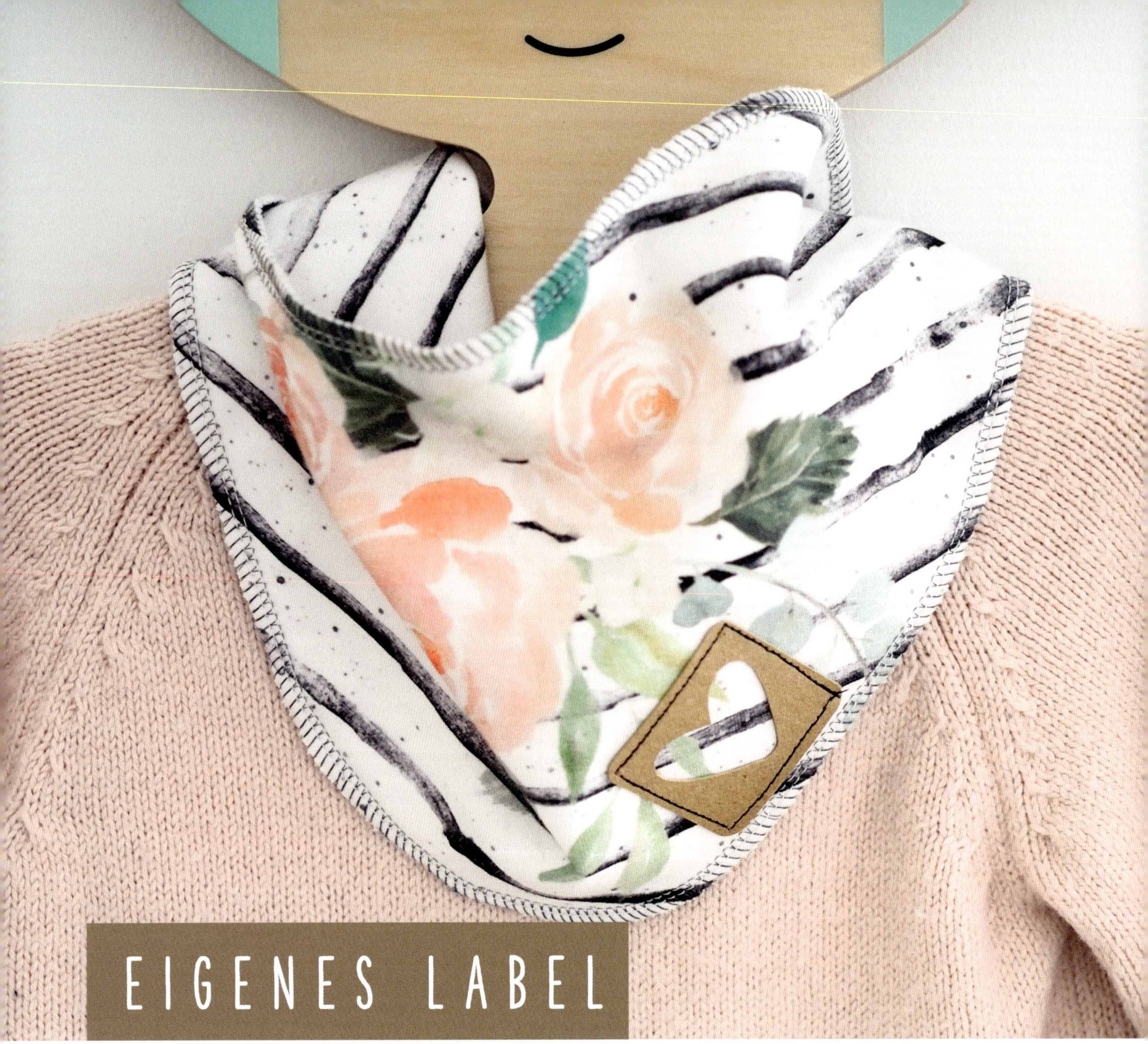

# EIGENES LABEL

## KUNSTLEDERPAPIER VERARBEITEN

KUNSTLEDERPAPIER IST WOHL EINES DER COOLSTEN MATERIALIEN ZUM NÄHEN: GARANTIERT VEGAN UND ETWAS RICHTIG BESONDERES. ICH ZEIGE DIR, WIE DU ES FÜR DEINE NÄHPROJEKTE MIT DEM PLOTTER VERWENDEN KANNST.

SCHWIERIGKEIT 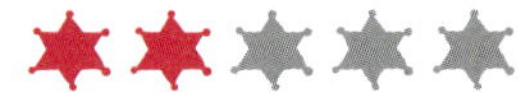

### MATERIAL

- Kunstlederpapier in Braun, ca. A4
- evtl. Flexfolienrest als Hintergrund
- Entgitterwerkzeug
- Bügeleisen oder Presse

### VORLAGEN

- paulundclara_kunstlederlabel (1 VORLAGEN-SET)

### SCHRITT 1

DATEI VORBEREITEN

Öffne die Datei „kunstlederlabel" in deiner Software.

Markiere alle Labels, die du nicht plotten möchtest und lösche sie dann mit rechter Maustaste – „Löschen". Danach ordnest du deine Labels möglichst platzsparend auf deinem Bogen an. Ich nutze Kunstlederpapier im A4 Format und fülle daher einen A4 Bogen mit Labels in unterschiedlichen Größen und Formen.

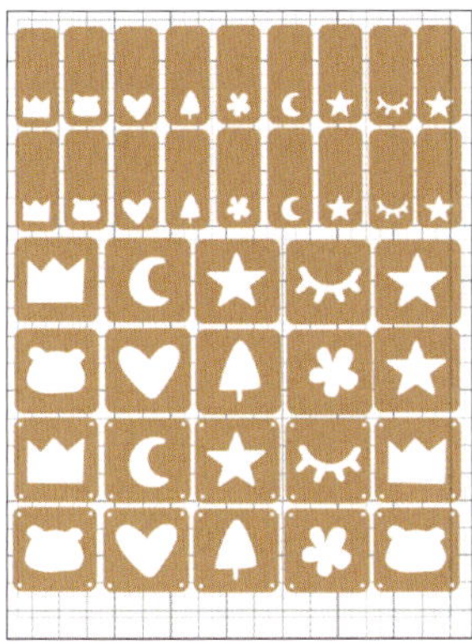

### SCHRITT 2

PLOTTEN (A–B)

Zufrieden? Dann klebe zunächst dein Material auf die Schneidematte und passe dein Messer entsprechend der empfohlenen Werte an. Kunstlederpapier kann mit den Einstellungen für Karton meist gut geschnitten werden.

Mache zunächst einen Testschnitt, um deine Einstellungen zu prüfen.

Schneidet der Plotter das Material sauber, kannst du die Datei an den Plotter senden (B).

### SCHRITT 3

ENTGITTERN (C–E)

Entlade nun die Schneidematte und löse vorsichtig die Pappe von der Matte. Mit einem Spatel geht das besonders einfach und du vermeidest, dass das Papier verbogen wird. Entferne die Innenteile, die noch nicht von alleine rausgefallen sind (D–E).

### SCHRITT 4

HINTERGRUND PLOTTEN

Du kannst entweder den Stoff als Hintergrund durch die Aussparung der Labels durchblicken lassen oder du setzt ein farbiges Highlight, indem du aus Flexfolie die Fläche deines Labels ohne Innenteil plottest und aufpresst, bevor du die Labels aufnähst.

### SCHRITT 5

AUFNÄHEN (F)

Platziere das Label auf deinem Textil. Fixiere es am besten mit Textilklebeband und nähe es mit einem Geradstich auf (F).

Gerade auf Mützen und Tüchern sind die Label ein echter Hingucker.

## Tipp

Kunstlederpapier bekommt seinen besonderen Lederlook erst richtig nach der ersten Wäsche. Davor wirkt es eher wie Kraftpapier.

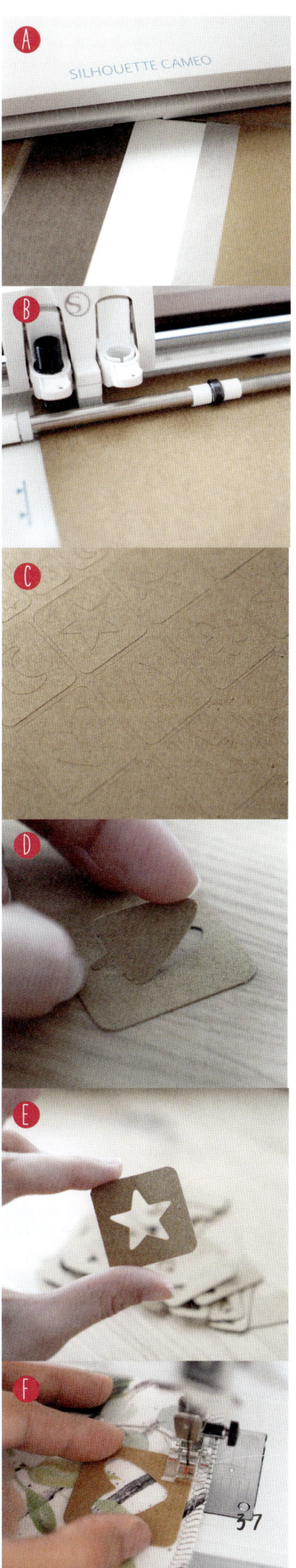

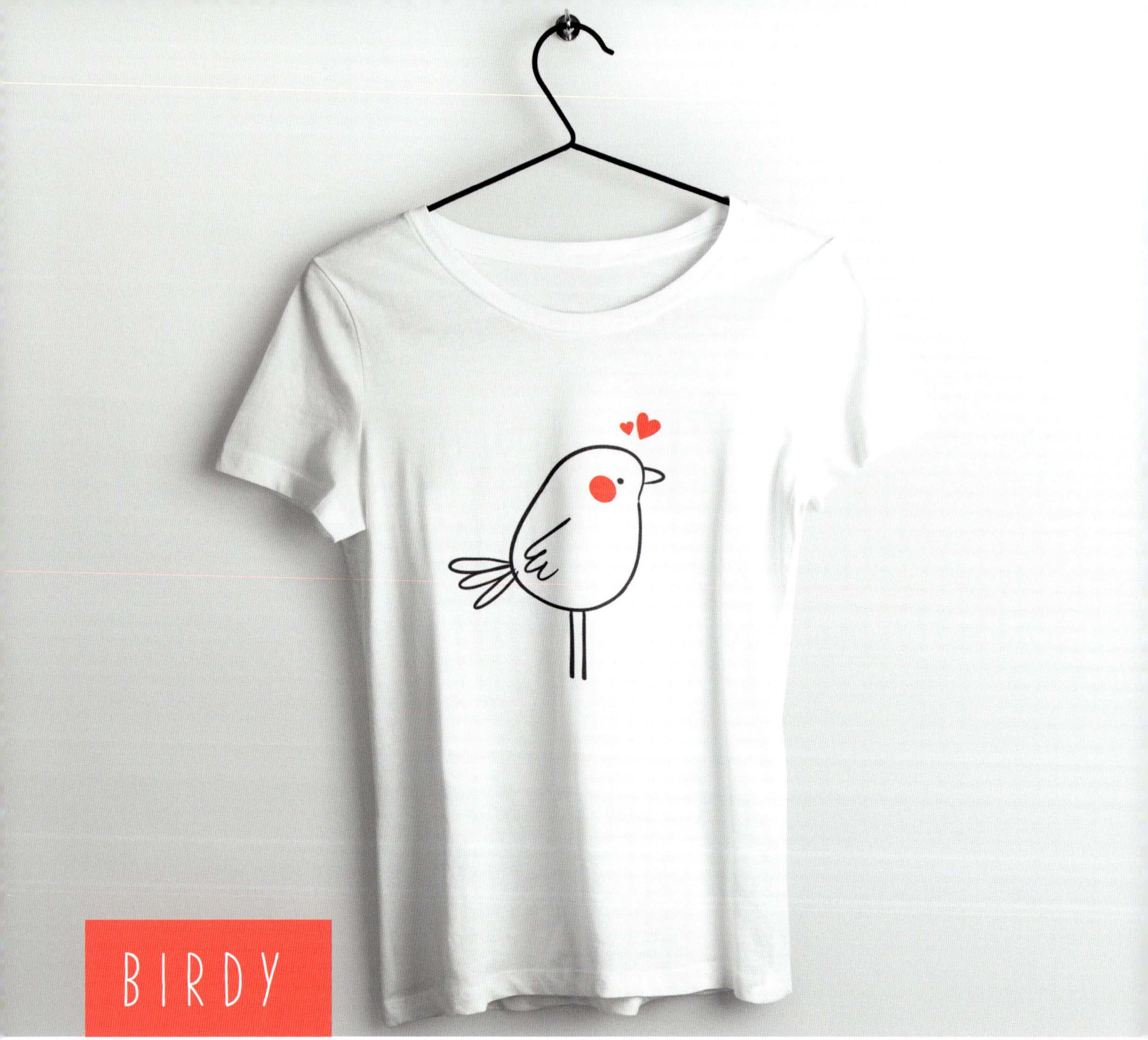

# BIRDY

## KONTURPLOTT

BEREIT FÜR EINEN EINFACHEN MEHRFARBIGEN PLOTT? DIESES MOTIV IST DER PERFEKTE EINSTIEG, UM MIT MEHREREN FARBEN ZU ARBEITEN.

SCHWIERIGKEIT 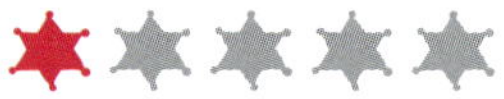

### MATERIAL

- Flexfolie in Schwarz und Coral, ca. A4
- Entgitterwerkzeug
- Bügeleisen oder Presse

### VORLAGEN

- paulundclara_birdy (1 VORLAGE)

**SCHRITT 1**

DATEI VORBEREITEN

Öffne die Datei „birdy“ in deiner Software.

Mehrfarbige Motive sind bei mir immer in die einzelnen Schritte aufgeteilt. Es gibt pro Farbschicht einen Schritt. Und abschließend findest du immer noch eine Vorschau, anhand der du das fertige Motiv siehst.

Gerade in der JPG-Datei kannst du gut sehen, welche Farben ich verwendet habe. Das hilft dabei, sich zu orientieren.

Gruppiere als Erstes alle Elemente und skaliere sie auf deine gewünschte Größe. Anhand der Vorschau siehst du, wie groß das Motiv aktuell ist.

Bei Silhouette Studio kannst du die Schichten nach und nach auf der Schneidematte positionieren. Alles was außerhalb sitzt, wird vom Plotter nicht verarbeitet.

Für deinen Brother-Plotter musst du in Canvas aus jeder Schicht einen eigenen Schnitt exportieren.

Eine genaue Anleitung hierzu findest du auf Seite 18 – 19.

**SCHRITT 2**

PLOTTEN (A–B)

Klebe die erste Folie auf die Schneidematte und plotte den ersten Schritt, die Kontur (A). Anschließend ziehst du die Folie ab und klebst deine zweite Folie auf. Plotte nun den zweiten Schritt – das Bäckchen und die Herzen (B).

Wenn du nur das gleiche Material schneidest, kannst du die komplette Folie in einem Schritt schneiden lassen. Klebe hierzu, wenn es der Platz zulässt, beide Folienfarben auf die Matte und positioniere deine Schneidelinien entsprechend in der Software.

**SCHRITT 3**

ENTGITTERN

Entgittere wie gewohnt deine Folie. Bei kleinen Teilen, wie dem Auge, musst du etwas vorsichtig sein, da es sein kann, dass es sich beim Abziehen der Folie mit ablöst. Halte es dann während dem Abziehen der Folie mit deinem Entgitterwerkzeug auf dem Träger fest.

**SCHRITT 4**

PRESSEN (C–F)

Presse den Stoff vor, damit der Plott später besser haftet. Presse nun gemäß der Reihenfolge zuerst die Kontur des Vogels. Entferne die Trägerfolie und positioniere dann die zweite Folie auf dem Plott (C-E). Versuche anhand der Vorschau die Position möglichst genau zu treffen (F). Presse nun noch die zweite Schicht.

Fertig ist dein mehrfarbiger Plott.

## Tipp

Wenn du die Folienfarben auswählst, achte darauf, dass sie zu deinem Projekt passen und Farben aus den Stoffen aufgreifen. So entsteht ein tolles Outfit, das perfekt harmoniert.

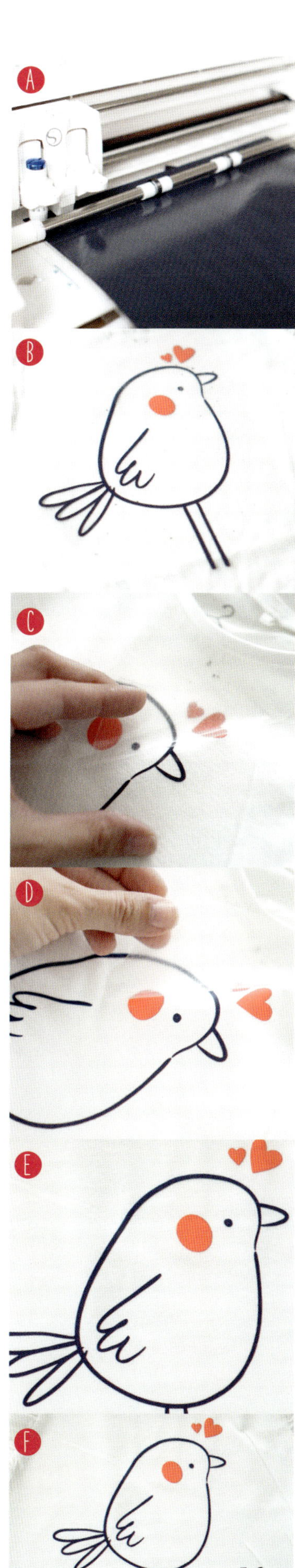

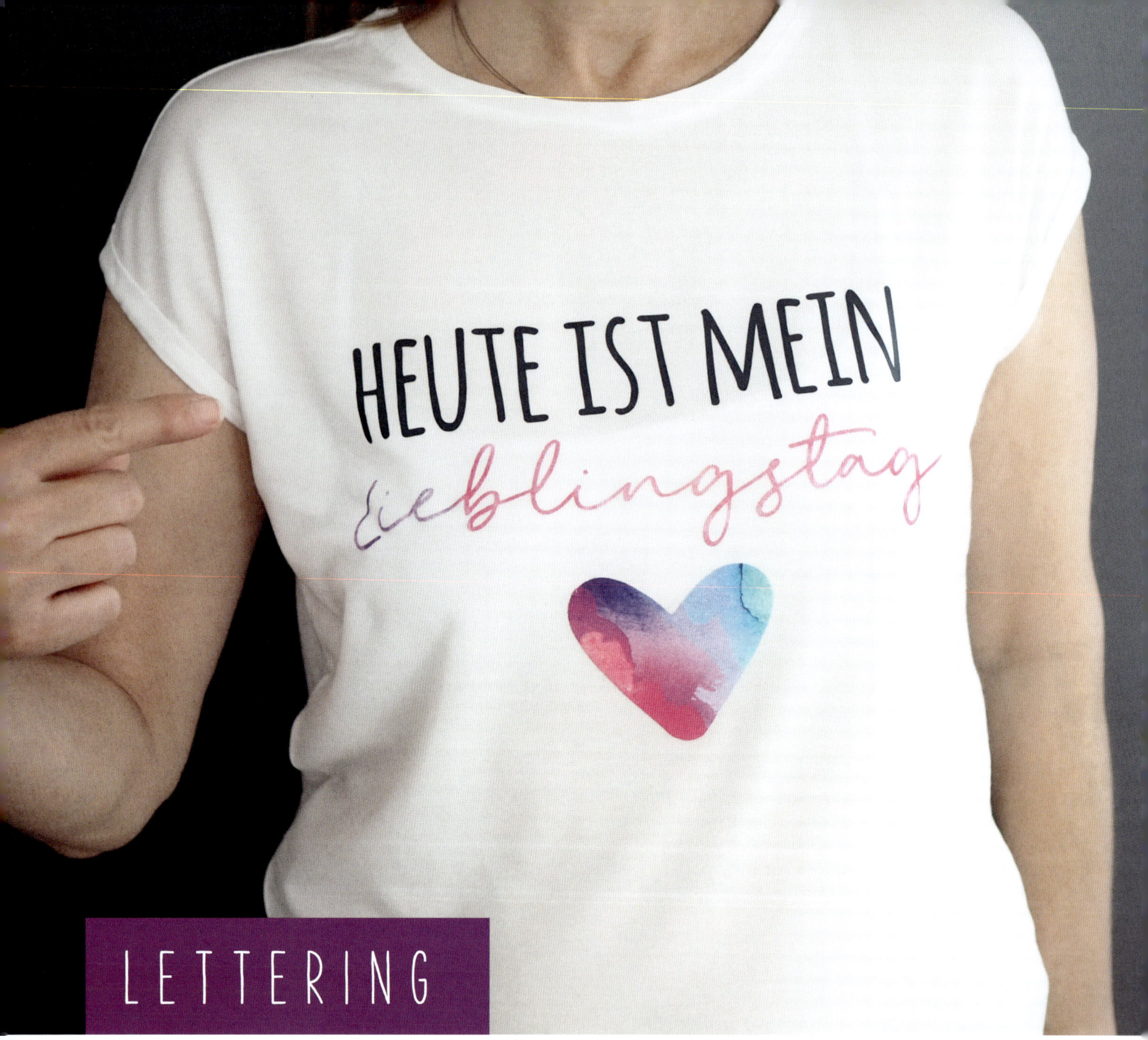

# LETTERING

## AQUARELLFOLIE PLOTTEN

KENNST DU SCHON AQUARELLFOLIEN? ICH LIEBE DIESEN EFFEKT UND DIE FARBVERLÄUFE. SO WIRD AUS EINEM EINFACHEN LETTERING EIN ECHTES KUNSTWERK.

SCHWIERIGKEIT 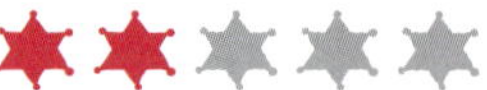

### MATERIAL

- Aquarell- bzw. in Flex oder Flock in bunt Watercolorfolie(z. B. von Plottermarie) und Flexfolie in Schwarz, ca. A4
- Entgitterwerkzeug
- Bügeleisen oder Presse

### VORLAGEN

- paulundclara_lieblingstag (1 VORLAGE)
- paulundclara_hallo (1 VORLAGE)
- paulundclara_jetzt (1 VORLAGE)
- paulundclara_lachmal (1 VORLAGE)
- paulundclara_schoenhier (1 VORLAGE)

### SCHRITT 1

DATEI VORBEREITEN

Öffne ein Lettering in deiner Software. Ich entscheide mich für „Heute ist mein Lieblingstag".

Skaliere das Lettering auf deine gewünschte Größe. Du kannst auch einfarbige Plotts in mehrere Farben aufteilen. Ich wähle Schwarz für den ersten Teil „Heute ist mein", und Watercolorfolie für „Lieblingstag" und das Herz. Wähle hierfür die Elemente, die eine andere Farbe bekommen sollen aus und separiere sie von den anderen. Achte darauf, dass nichts verrutscht. Sonst passen die Schichten später nicht mehr zusammen.

Nun kommt wieder der wichtigste Schritt für Texte: Spiegeln!

### SCHRITT 2

PLOTTEN (A)

Plotte als Erstes den oberen Text aus schwarzer Flexfolie. Anschließend suchst du eine Watercolorfolie aus, die den passenden Farbverlauf hat (A). Besonders schön ist es, wenn du die Farbübergänge im Plott hast, wie es beim Herz zu sehen ist. So wird der Effekt noch deutlicher.

Watercolorfolie gibt es als Flex und Flock. Die Einstellungen sind ähnlich zu den normalen Einstellungen des jeweiligen Materials. Mache dennoch immer einen Testschnitt, so vermeidest du Fehler.

### SCHRITT 3

ENTGITTERN (B)

Entlade die Schneidematte und löse vorsichtig die Folie von der Matte (B). Wenn du die Folie nicht ganz ausgenutzt hast, kannst du sie, vor dem Abziehen der überschüssigen Folie, noch zurechtschneiden, indem du nur den Bereich auf dem geplottet wurde grob ausschneidest. Die übrige Folie kannst du für kleine Projekte nochmal benutzen.

Sei beim Entgittern ganz vorsichtig und kontrolliere beim Abziehen immer, wo der Plott genau sitzt. Löse hierfür zuerst an einer Ecke die Folie vom Trägermaterial und ziehe sie dann langsam ab. Jetzt kannst du mit dem Haken oder einem anderen Entgitterwerkzeug die Innenteile der Schrift entfernen.

### SCHRITT 4

PRESSEN (C–D)

Presse den Stoff wie gewohnt kurz vor und klebe den oberen schwarzen Text auf deinen Stoff. Decke alles mit Backpapier ab und presse den Plott gemäß den Angaben deines Folienherstellers. Entferne die Trägerfolie und platziere die Watercolorfolie auf dem Stoff (C). Presse auch diese nach den Herstellerangaben. Ziehe den Träger ab und bewundere den schönen Effekt (D).

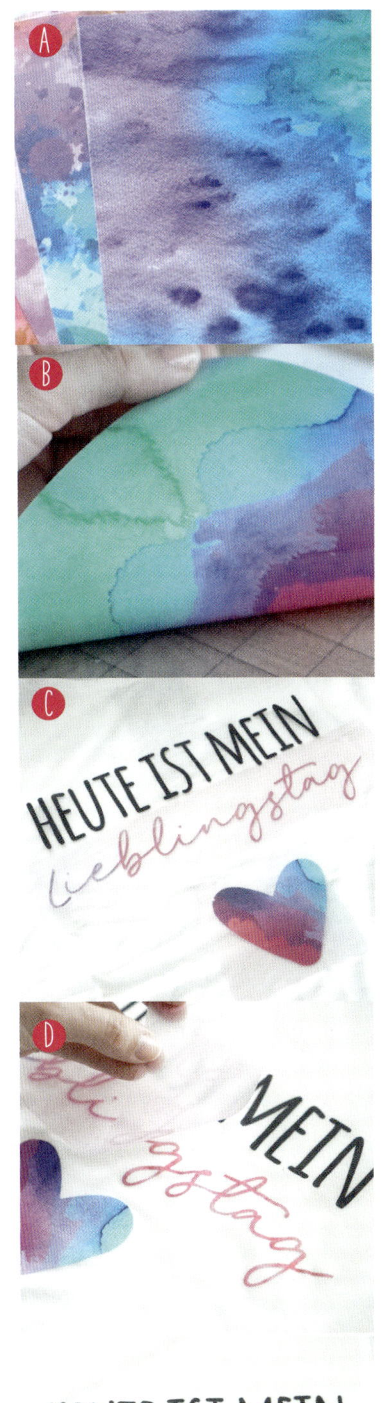


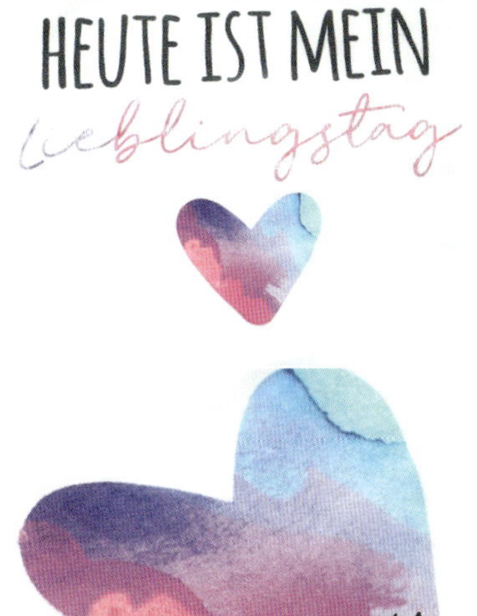

# INTENSIVKURS
# MEHRFARBIG PLOTTEN

ES GIBT INSGESAMT DREI VARIANTEN DES MEHRFARBIGEN PLOTTENS. ALLE HABEN EINS GEMEINSAM: ES IST WIRKLICH EINFACH!

ICH ZEIGE DIR ALLE DREI VARIANTEN. JEDE HAT IHREN EIGENEN REIZ UND VOR- UND NACHTEILE.

DAS WICHTIGSTE IST, DASS DU DICH TRAUST UND ETWAS FEINGEFÜHL FÜR DAS PLATZIEREN VON SCHICHTEN ENTWICKELST. DAFÜR HABE ICH DIR VIER PROJEKTE ERSTELLT, MIT DENEN DU PRIMA ÜBEN KANNST.

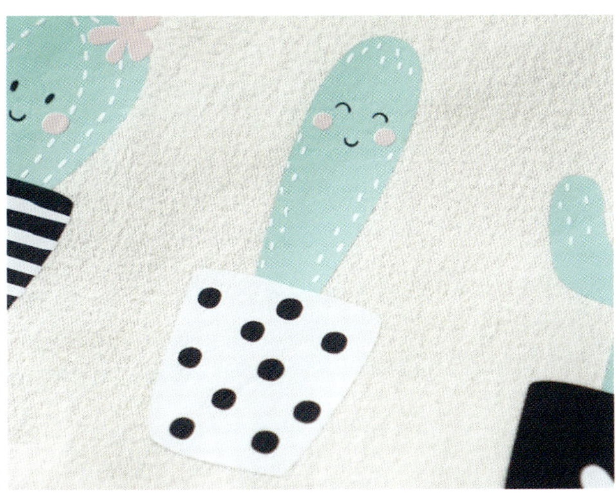

VARIANTE 1

PLOTT OHNE KONTUREN (S. 44)

Die einfachste Variante ist ein mehrfarbiger Plott ohne Konturen. Hier werden nur farbige Flächen aufeinandergepresst. Bei der Positionierung muss man hier etwas aufpassen und am besten die Vorschau bereitlegen, damit man weiß, auf welche Höhe z. B. das Gesicht kommt.

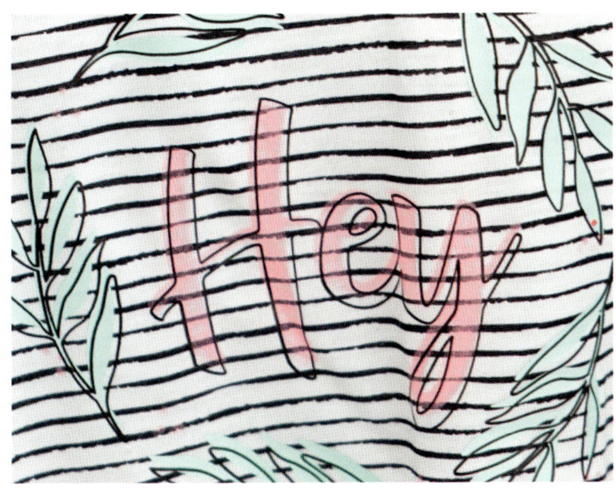


VARIANTE 2

KONTUREN MIT FARBE (S. 46)

Bei dieser Variante hinterlegt man eine Kontur mit farbigen Flächen. Dadurch entsteht ein ganz besonderer Look, der absichtlich nicht perfekt aussieht. Und genau das macht den Charme aus. Ich finde, es hat etwas handgezeichnetes, weniger starres. Diese Variante ist besonders für Anfänger geeignet, da sie kleine Fehler und Ungenauigkeiten verzeiht. Einzig die Positionierung der Farbflächen ist etwas anspruchsvoller, da man keine Kontur hat, an der man sich orientieren kann. Ich verrate euch aber meine Tricks, dann klappt es garantiert.

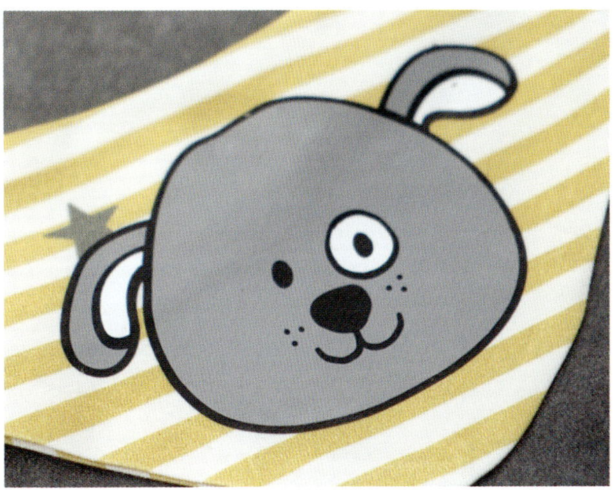

VARIANTE 3

AUSSPARUNGEN (S. 48)

Für diese Technik benötigt man etwas abstraktes Denken, da man einen Hintergrund als unterste Schicht aufpresst, der in den folgenden Ebenen durch Aussparungen wieder durchscheint.

Diese Variante hat den Vorteil, dass besonders filigrane Teile wie Nase und Sommersprossen nicht als kleine Elemente, sondern als Aussparung geplottet werden, wodurch sie beim Entgittern nicht verloren gehen können. Man muss einzig darauf achten, dass man sehr genau positioniert und nicht zu lange presst, um ein Schrumpfen der Folien zu verhindern.

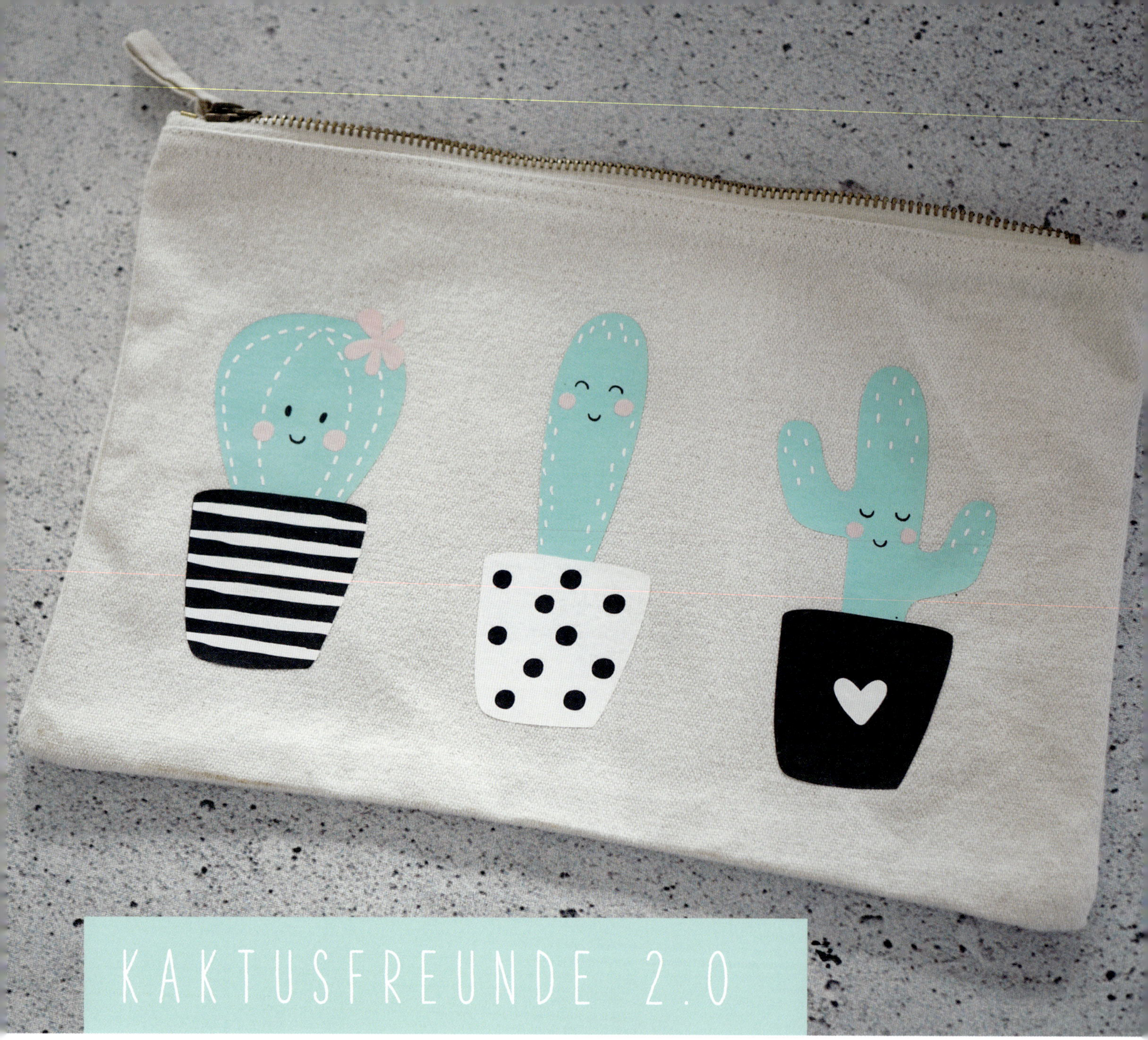

# KAKTUSFREUNDE 2.0

## PLOTT OHNE KONTUREN VARIANTE 1

STARTEN WIR MIT DER EINFACHSTEN VARIANTE DES MEHRFARIGEN PLOTTENS. HIERBEI WERDEN NUR DIE FARBIGEN FLÄCHEN AUFEINANDER GEPRESST.

SCHWIERIGKEIT 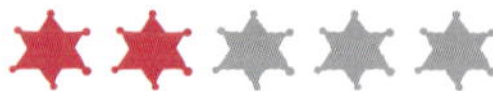

### MATERIAL

- Flexfolie in Schwarz, Weiß, Grün und Rosa, ca. A4
- Entgitterwerkzeug
- Bügeleisen oder Presse

### VORLAGEN

- paulundclara_kaktus1 (1 VORLAGE)
- paulundclara_kaktus2 (1 VORLAGE)
- paulundclara_kaktus3 (1 VORLAGE)

## SCHRITT 1

DATEI VORBEREITEN

Öffne den ersten Kaktus. Sehen wir uns zuerst den grundlegenden Aufbau der Datei an.

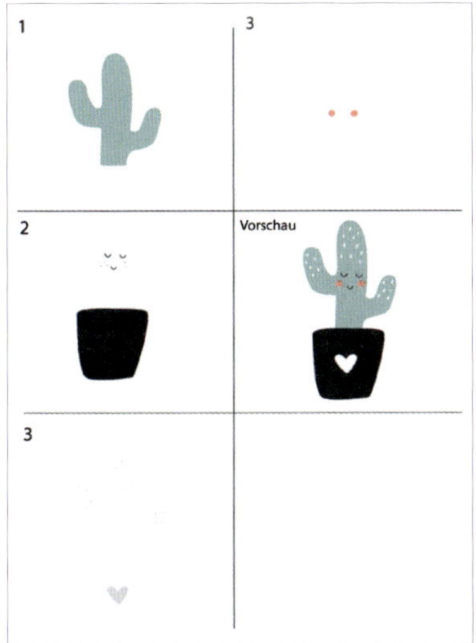


Mehrfarbige Motive sind bei mir immer in die einzelnen Schritte aufgeteilt. Es gibt pro Farbschicht einen Schritt und abschließend findest du immer noch eine Vorschau, anhand der du das fertige Motiv siehst.

In der JPG-Datei kannst du sehen, welche Farben ich verwendet habe. Das hilft dabei sich zu orientieren.

Bei dieser Variante des mehrfarbigen Plottens gibt es keine Kontur. Die Farbflächen werden entsprechend der vorgegebenen Reihenfolge der Datei übereinander gepresst.

## SCHRITT 2

PLOTTEN

Kann es los gehen? Dann wähle eine Flexfolie aus und klebe sie mit der glänzenden Seite nach unten auf die Schneidematte. Anschließend lädst du die Schneidematte und stellst dein Messer auf den passenden Wert für Thermotransferfolie (glatt).

Falls du ein neues Material schneidest und dir unsicher bist, welche Einstellungen die richtigen sind, mache unbedingt vorab einen Testschnitt. Wenn beim Testschnitt alles klappt und sich der Plott ohne Probleme entgittern lässt, kannst du die Datei an deinen Plotter senden.

Schneide so jede Schicht in der Farbe deiner Wahl.

## SCHRITT 3

ENTGITTERN

Löse die Folie von der Matte und entgittere alle Elemente.

## SCHRITT 4

PRESSEN (A–E)

Presse den Stoff kurz vor und schneide die Trägerfolie knappkantig zurück. Klebe die Schichten der Kakteen übereinander (A). Nimm dir Zeit, dieser Schritt ist sehr wichtig.

Klebe den Folienstapel danach auf den Stoff und ziehe dann alle Schichten bis auf die Letzte wieder ab (B). Presse die erste Farbe (C) und entferne die Trägerfolie. Gehe so für jede weitere Schicht vor (D–E).

Es ist besonders wichtig, dass du nur so kurz wie nötig presst und vor der nächsten Schicht alles abkühlen lässt. Deine Folie kann sonst schrumpfen oder schmelzen, was dazu führt, dass die Schichten nicht mehr zusammenpassen.

Baue so dein Motiv Schicht für Schicht auf. Wenn du fertig bist, presse deinen Plott nochmal, um Druckstellen und Unebenheiten auszugleichen.

Fertig ist dein erster mehrfarbiger Plott!

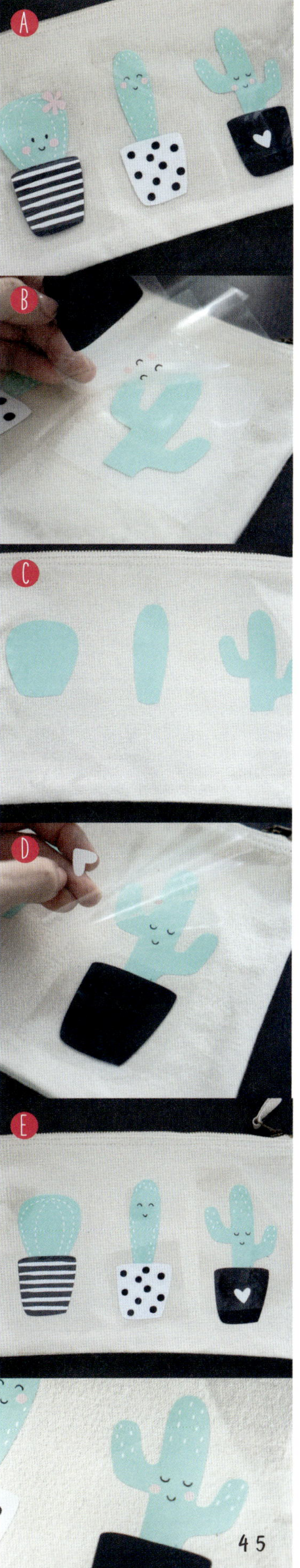

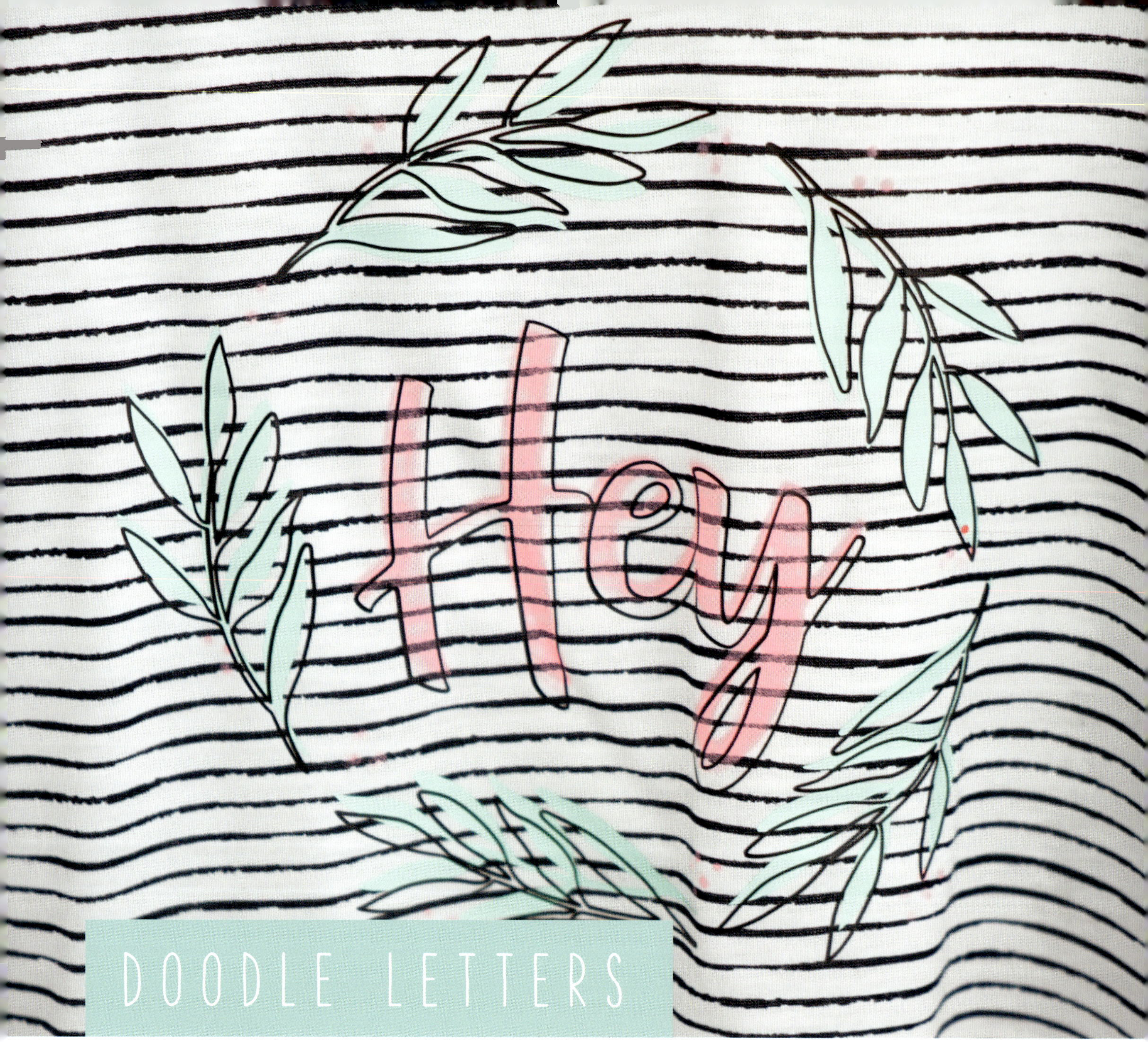

# DOODLE LETTERS

## KONTUREN MIT FARBE VARIANTE 2

MEINE ABSOLUTE LIEBLINGSTECHNIK FÜR MEHRFARBIGE MOTIVE UND DAS COOLSTE: SIE VERZEIHT KLEINE FEHLER. ES WIRD EINE KONTUR MIT FARBFLÄCHEN HINTERLEGT. DIESE SIND ABSICHTLICH NICHT PERFEKT UND MAL GRÖSSER ODER KLEINER. DADURCH ENTSTEHT EIN BESONDERER LOOK, DER WENIGER STATISCH IST, EHER HANDGEZEICHNET. NUR DIE POSITIONIERUNG DER FARBFLÄCHEN IST ETWAS SCHWIERIG, ICH ZEIGE DIR MEINEN TRICK.

SCHWIERIGKEIT 

### MATERIAL

- Flexfolie in Schwarz, Mint und Pink, ca. A4
- Entgitterwerkzeug
- Bügeleisen oder Presse

### VORLAGEN

- paulundclara_hey (1 VORLAGE)

**SCHRITT 1**

DATEI VORBEREITEN

Öffne die Datei „hey“ in deiner Software.

Du siehst gleich, dass diese Datei anders ist, als die Vorherige. Hier sind die ersten Schritte die Farbflächen und die letzte Schicht ist die Kontur.

**SCHRITT 2**

PLOTTEN

Plotte jetzt die Schichten in deinen gewünschten Farben. Für diese Motive eignet sich Flexfolie am besten. Nur die Kontur könntest du auch als Flockfolie umsetzen, das sieht auch toll aus.

**SCHRITT 3**

ENTGITTERN (A–B)

Entgittere die Schichten wie gewohnt (A). Bei den Konturen musst du etwas acht geben, da sie sehr filigran sind und sich leicht ablösen oder man sie übersieht (B).

**SCHRITT 4**

PRESSEN (C–F)

Lege die Folienschichten übereinander, so siehst du auch, ob alles gut zusammenpasst (C). Bereits jetzt wirst du feststellen, dass die Farbflächen nicht 100%ig unter deine Konturen passen. Keine Sorge, das ist Absicht! Dadurch entsteht später der Look.

Klebe den Folienstapel auf dein Textil und ziehe alle Schichten bis auf die unterste wieder ab. Presse die erste Schicht so kurz wie möglich, lass sie abkühlen und wiederhole diesen Schritt mit den folgenden Schichten (D-F).

So findest du ganz einfach die richtige Position der Schichten.

## Tipp

Entgittere filigrane Folien zuerst von Innen (A), bevor du die äußere Folie abziehst (B). So verhinderst du, dass deine Hände immer an der Trägerfolie kleben bleiben.

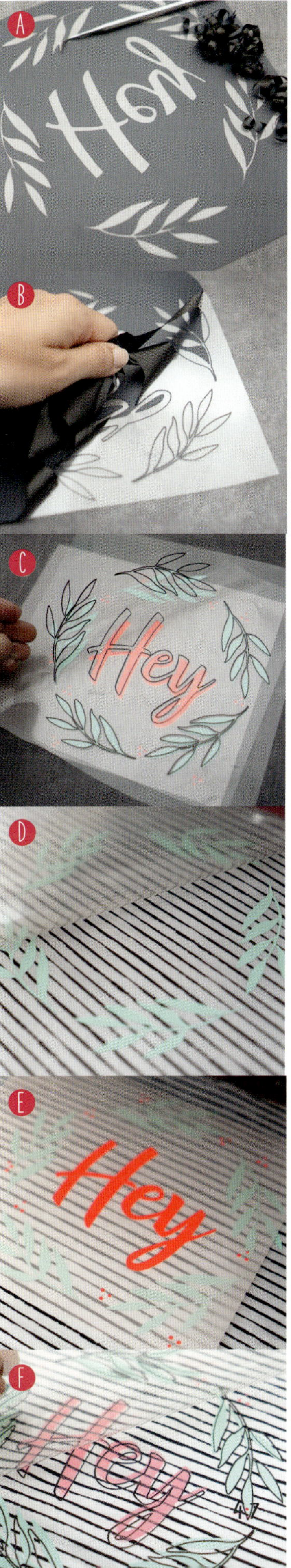

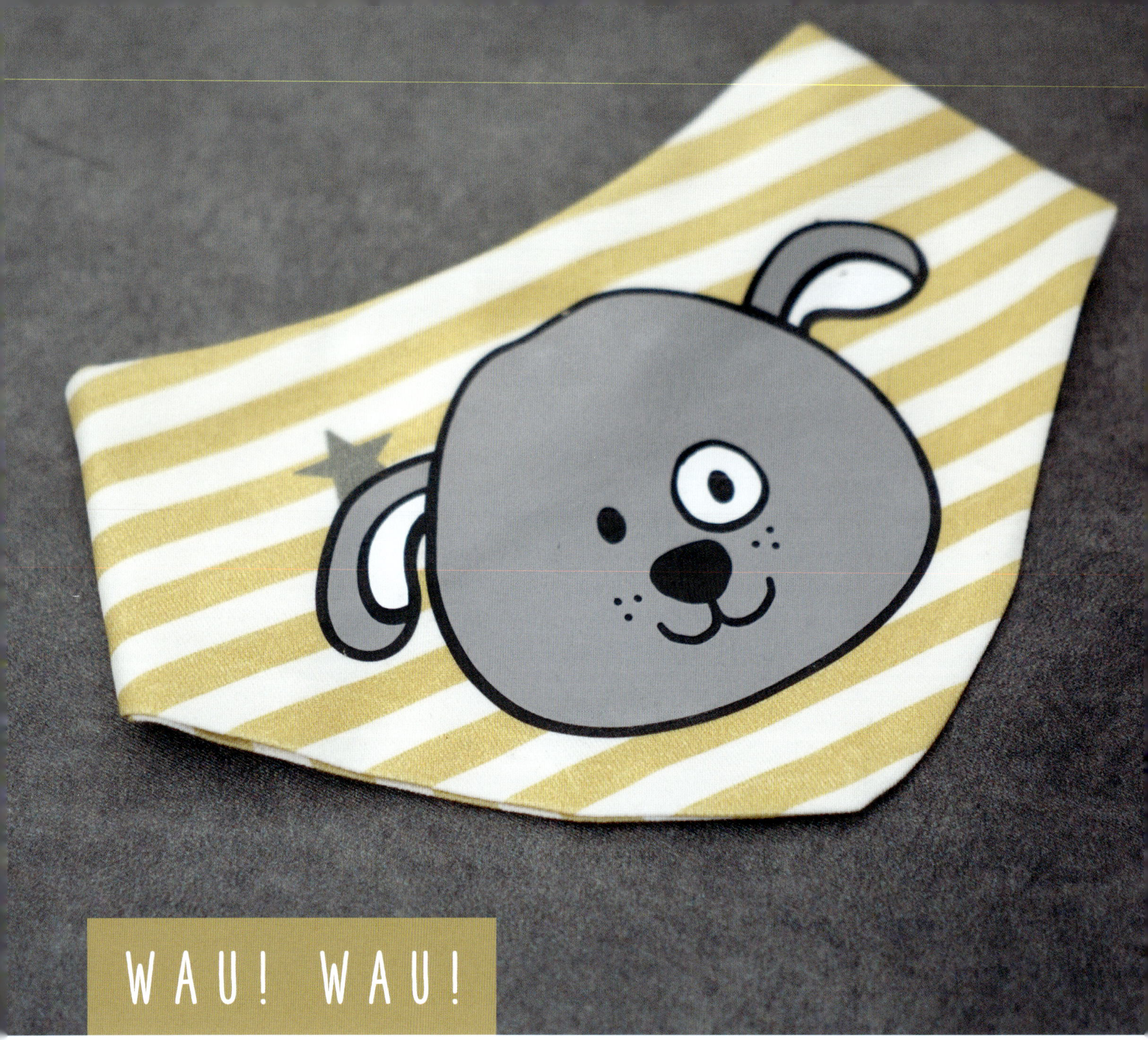

# WAU! WAU!

## AUSSPARUNGEN

VARIANTE 3

DIESE VARIANTE IST BESONDERS GUT FÜR MOTIVE MIT KLEINEN DETAILS WIE AUGEN, SOMMERSPROSSEN ODER BARTSTOPPELN GEEIGNET. DER TRICK? DIE KLEINEN TEILE WERDEN NICHT ALS EINZELNES ELEMENT GEPLOTTET, SONDERN AUSGESPART. ICH ZEIG DIR, WIE DU DIESE DATEIEN VERARBEITEST.

SCHWIERIGKEIT 

### MATERIAL

- Flexfolie in Schwarz, Grau und Weiß, ca. A4
- Entgitterwerkzeug
- Bügeleisen oder Presse

### VORLAGEN

- paulundclara_wauwau_kopf (1 VORLAGE)
- paulundclara_wauwau (1 VORLAGE)

**SCHRITT 1**

DATEI VORBEREITEN

Öffne die Datei deiner Wahl in deiner Software.

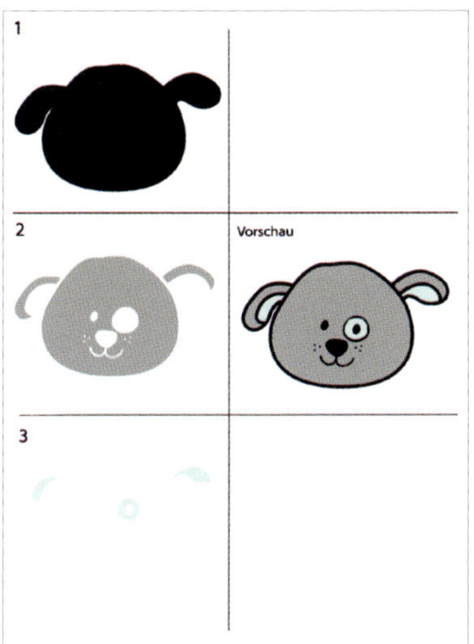


Auch bei diesem Motiv ist die Datei bereits in die Farbschichten aufgeteilt. Schritt 1 ist der Hintergrund. Dieser schaut durch die Lücken der folgenden Schichten hindurch und bildet Details wie die Augen. Zudem ist der Hintergrund etwas größer als das Motiv und dient später auch als Kontur.

Das hört sich erstmal kompliziert an, ist aber, wenn du es einmal gesehen hast, wirklich simpel. Und vorallem genial, denn du verlierst so keine Miniteile mehr, die sonst oft keine Chance hatten.

**SCHRITT 2**

PLOTTEN (A)

Plotte alle Schichten in deinen gewünschten Farben. Nutze am besten Flexfolie, sie ist perfekt für mehrschichtige Anwendungen. Wenn du nur ein Material verwendest, kannst du auch alle Farben in einem Schritt plotten, indem du sie auf der Schneidematte entsprechend anordnest und die Folien auch auf die Matte klebst (A). Dieses Motiv könntest du auch aus Flockfolie plotten. Da sich an jeder Stelle immer nur höchstens zwei Schichten Folie überlagern. Ab drei Schichten würde der Plott später zu dick werden.

**SCHRITT 3**

ENTGITTERN (B–C)

Bereits beim Entgittern wirst du schnell merken, dass bei dieser Technik die Schichten aufeinander aufbauen. Die unterste Schicht ist eine durchgehende Fläche. Die folgenden Schichten haben Aussparungen, durch die man den Untergrund immer wieder sieht (B).

Entferne beim Entgittern alle Innenteile, sonst fehlt dem Hund später womöglich noch ein Auge (C).

**SCHRITT 4**

PRESSEN (D–F)

Presse jetzt die Schichten gemäß der vorgegebenen Reihenfolge.

Als erstes wird der Hintergrund gepresst (D). Presse ihn so kurz wie möglich. Wenn diese Schicht schrumpft, passen die folgenden Schichten nicht mehr aufeinander.

Presse auch die folgenden Schichten nur so kurz wie nötig.

Platziere die Schichten so, dass die Konturen gleichmäßig sind. Durch die Hintergrundschicht ist das sehr einfach (E–F).

Wenn du fertig bist, siehst du, dass der Hintergrund nun durch die Augen, Nase und andere Teile hindurchblickt und das Motiv ergänzt. So sparst du dir auch viele schwer zu plottenden Kleinteile und die Positionierung der einzelnen Elemente, wie bei Variante 1.

## Tipp

Probiere auch andere Farben als Schwarz für die erste Schicht. Hellere Farben lassen die Kontur nicht so hart erscheinen.

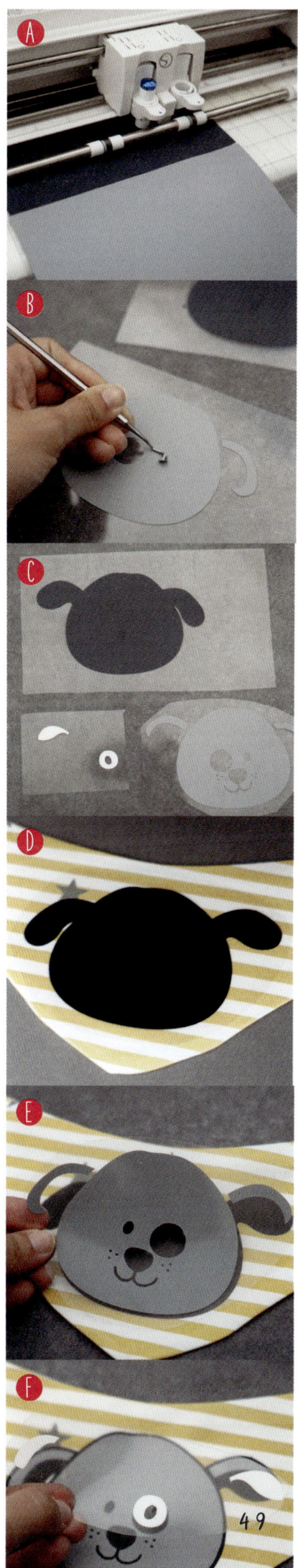

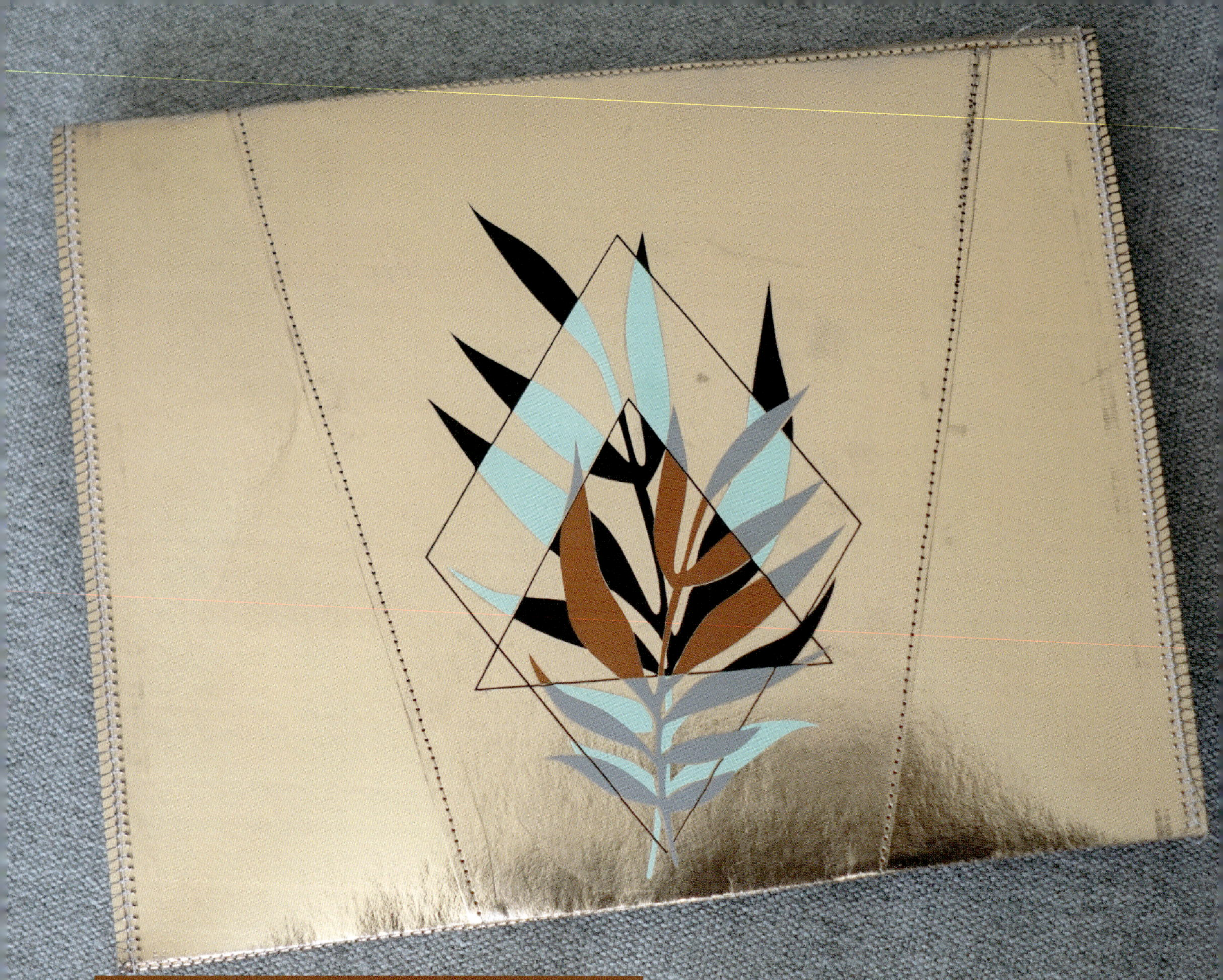

# MODERN PALM

## FOLIEN PASSGENAU PRESSEN

DIE KÖNIGSDISTIPLIN BEIM MEHRFARBIGEN PLOTTEN: DIE SCHICHTEN PASSGENAU POSTIONIEREN. ICH ZEIGE DIR MEINE TRICKS.

SCHWIERIGKEIT 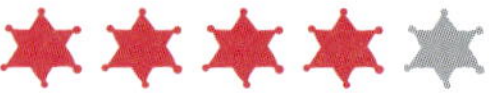

### MATERIAL

- Kunstlederpapier, ca. A4
- Flexfolie in Schwarz, Grau, Bronze und Mint, ca. A4
- Entgitterwerkzeug
- Bügeleisen oder Presse

### VORLAGEN

- paulundclara_modernpalm (1 VORLAGE)

#### SCHRITT 1

DATEI VORBEREITEN

Öffne die Datei „modernpalm" in deiner Software.

Meine mehrfarbigen Dateien sind bereits in die Farbschichten aufgeteilt. Du musst sie nur noch auf deine Wunschgröße skalieren und in der angegebenen Reihenfolge in je einer anderen Farbe plotten.

Bei Silhouette Studio kannst du die Schichten nach und nach auf der Schneidematte positionieren. Alles was außerhalb sitzt, wird vom Plotter nicht verarbeitet.

Für deinen Brother-Plotter musst du in Canvas aus jeder Schicht einen eigenen Schnitt exportieren.

#### SCHRITT 2

PLOTTEN

Wähle vier farblich zusammenpassende Flexfolien aus und klebe die Farbe für die erste Schicht auf deine Schneidematte. Schneide dann den ersten Schritt. Entlade die Schneidematte und zieh die Folie ab. Schneide nun alle anderen Schichten auf die selbe Weise.

#### SCHRITT 3

ENTGITTERN

Entgittere jetzt die verschiedenen Folien. Achte dabei besonders darauf die filigranen Elemente nicht zu verlieren. Gerade die Konturen, wie die des Dreieckes, sind empfindlich.

#### SCHRITT 4

PRESSEN (A-E)

Lege alle Folienschichten in der angegeben Reihenfolge übereinander (A). Das kann etwas schwer sein, da die Folien schnell zusammenkleben. Hier braucht es oft ein paar Anläufe und ein ruhiges Händchen.

Nimm dir etwas Zeit, denn das ist der wichtigste Schritt, um die Schichten gut zu positionieren. Hast du alle Schichten korrekt übereinander gesetzt, klebst du den kompletten Stapel auf deinen Untergrund (B). Ich nutze für meine Tasche Kunstlederpapier, das lässt sich auch toll beplotten und nähen.

Ziehe nun alle Schichten, bis auf die Unterste, wieder ab (C) und presse anschließend. Achte unbedingt darauf so kurz wie möglich zu pressen, damit deine Folie nicht schrumpft. Zieh die Trägerfolie ab und lass alles abkühlen bevor du die nächste Schicht presst.

Klebe die übrigen Folien wieder auf den Untergrund. Achte darauf, dass die Schichten wieder gut sitzen und zieh dann alle bis auf die vorletzte Folie wieder ab (D). Jetzt presst du diese Schicht und lässt den Plott wieder abkühlen, So gehst du für alle weiteren Schichten vor (E).

Abschließend presst du dein komplettes Motiv nochmal nach, damit auch alles richtig haftet.

## Tipp

Für mehrschichtige Anwendungen ist hochwertige Folie besonders wichtig. Sie sollte möglichst wenig schrumpfen und schnell haften. Probier auch mal Flockfolie aus. Sie schrumpft generell weniger, benötigt aber eine Datei, die mit Aussparungen arbeitet, statt die Schichten überlagern zu lassen.

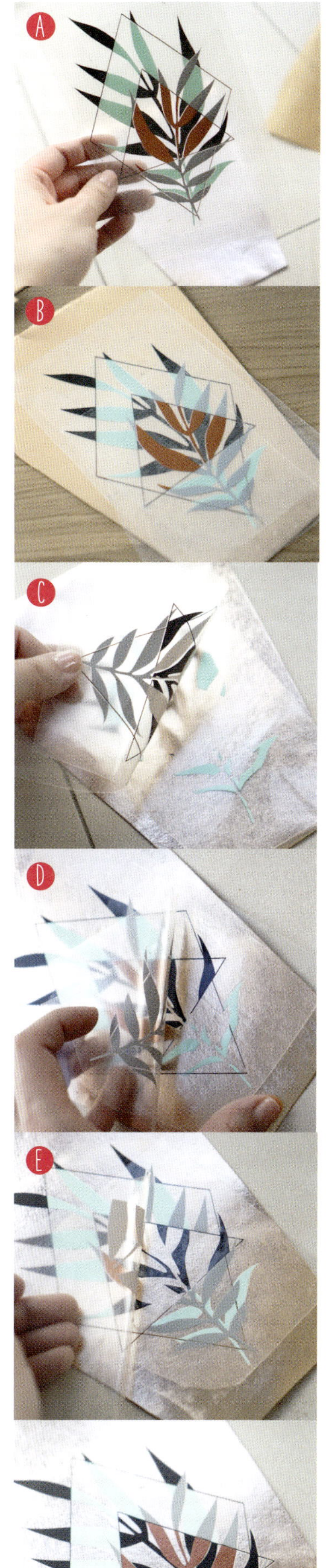

# PROJEKTE FÜR FORTGESCHRITTENE

GLÜCKWUNSCH! DU BIST JETZT EIN ECHTER EXPERTE IM TEXTILEN PLOTTEN. LASS UNS EIN PAAR COOLE TECHNIKEN UND MATERIALIEN AUSPROBIEREN. ICH HABE DIR WUNDERSCHÖNE VORLAGEN ERSTELLT, DIE NUR AUF DEIN NEUSTES PROJEKT WARTEN.

IN DIESEM WORKSHOPTEIL ERKLÄRE ICH DIR NUR NOCH DAS WICHTIGSTE UND DIE BESONDERHEITEN. DIE GRUNDLAGEN KENNST DU JA JETZT SCHON AUS DEM FF.

SOLLTEST DU DIR DOCH MAL UNSICHER SEIN, KEHRE KURZ IN DEN GRUNDLAGENTEIL ZURÜCK UND LIES NOCHMAL NACH, AUF WAS DU ACHTEN MUSST.

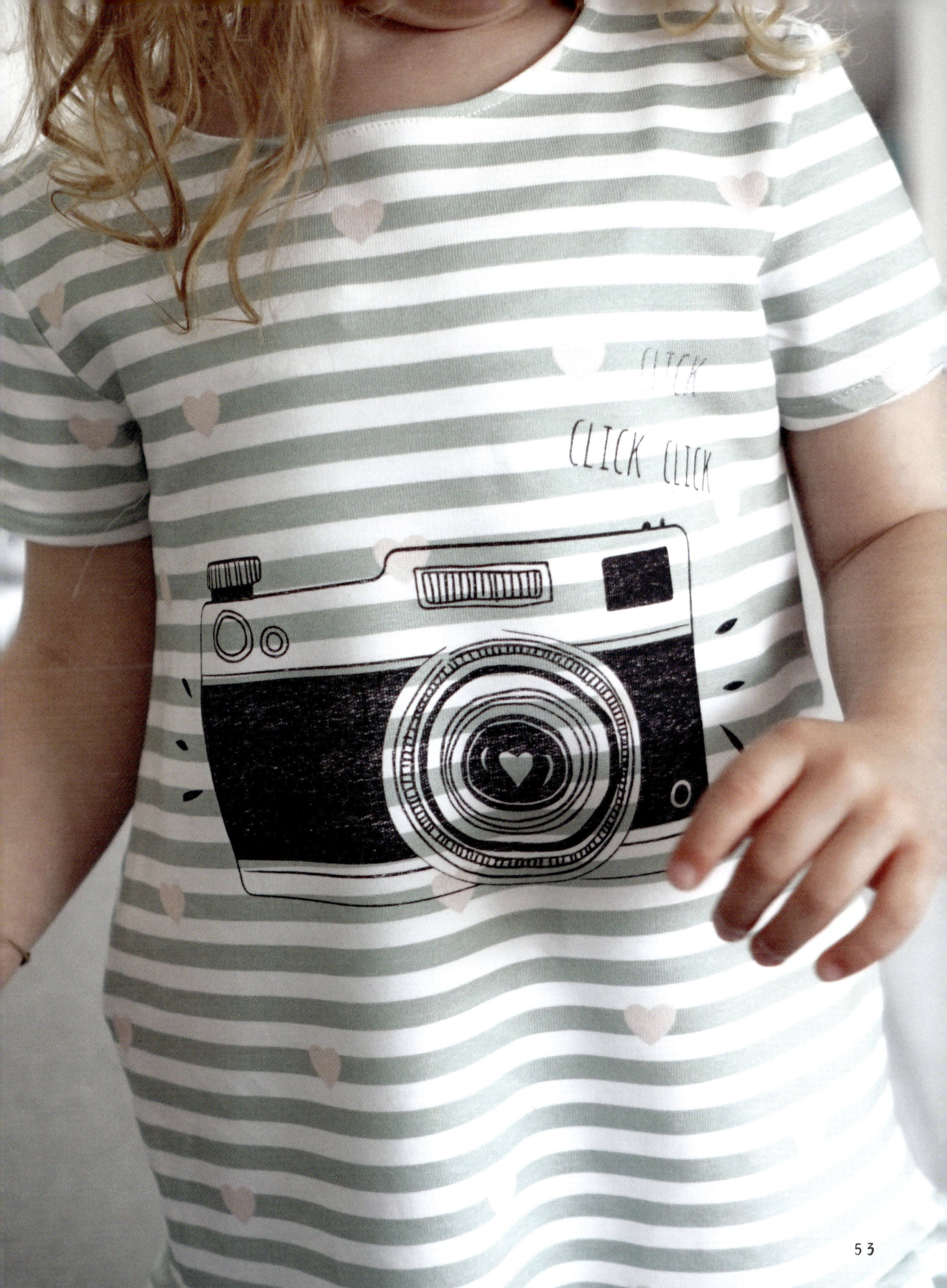
CLICK
CLICK CLICK

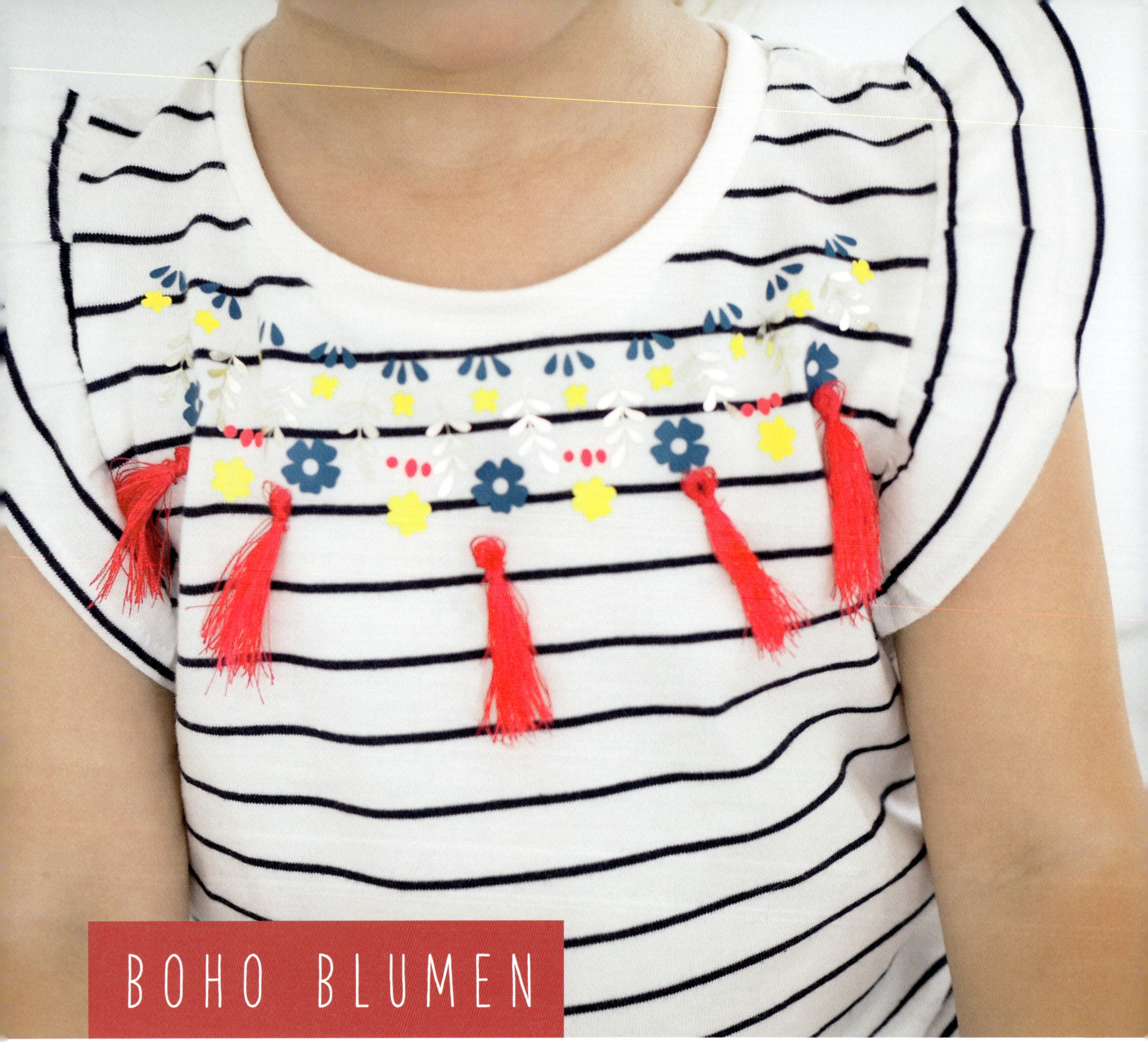

# BOHO BLUMEN

## BLUMENKRAGEN MIT STOFFQUASTEN

SETZE SCHÖNE FARBKOMBINATIONEN IN SZENE UND ERGÄNZE DEIN PROJEKT MIT QUASTEN. SO ENTSTEHT EIN COOLER BOHO-LOOK FÜR GROSSE UND KLEINE MÄDCHEN.

ICH HABE DIR DREI VERSCHIEDENE VORLAGEN GESTALTET. JE NACH KRAGENRUNDUNG UND GESCHMACK KANNST DU VARIIEREN.

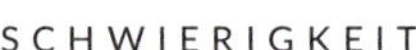


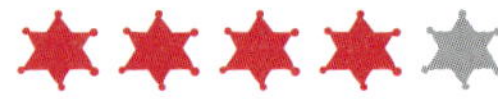

### MATERIAL

- Flex- oder Flockfolie in Blau, Gelb, Pink und Silber, ca. A4
- Nähgarn in Pink
- Nähnadel
- Entgitterwerkzeug
- Bügeleisen oder Presse

### VORLAGEN

- paulundclara_bohoblumen1 (1 VORLAGE)
- paulundclara_bohoblumen2(1 VORLAGE)
- paulundclara_bohoblumen3(1 VORLAGE)

### SCHRITT 1

PLOTT VORBEREITEN (A–C)

Plotte das Motiv in den verschiedenen Schichten. Du kannst Flexfolie oder Flockfolie nutzen (A).

Gerade bei diesem Motiv kannst du deine Farben völlig frei wählen. Wenn du eine schöne Hose zu deinem Shirt kombinieren willst, kannst du die Farben passend zur Hose auswählen, das sieht dann später besonders toll aus.

Ich schneide die Farben gemeinsam auf der Matte (B). Das spart Zeit, da du nicht jede Folie einzeln plotten musst. Achte aber darauf, dass das nur möglich ist, wenn das Material mit den selben Einstellungen geschnitten werden kann.

Entgittere alle Schichten vorsichtig, damit du kein Teilchen verlierst (C). Kleine Elemente hauen gerne mal ab, wenn die Folie zu schnell abgezogen wird.

### SCHRITT 2

PRESSEN (D–E)

Presse deinen Stoff vor. Wenn du, wie ich, auf Nähte presst, kann es hilftreich sein, ein hitzebeständiges Schaumstoffkissen unterzulegen. Dadurch heben sich die Nähte nicht mehr zu sehr ab und der Druck kann besser auf die Folie übertragen werden.

Klebe deine Schichten übereinander (D) und positioniere sie so Schicht für Schicht auf dem Stoff (E).

### SCHRITT 3

QUASTEN APPLIZIEREN (F)

Um deinen Plott noch schöner zu machen, kannst du schöne Quasten unter die letzte Reihe aufnähen (F). Wie du Quasten ganz einfach selbst machst, zeige ich die auf der nächsten Seite.

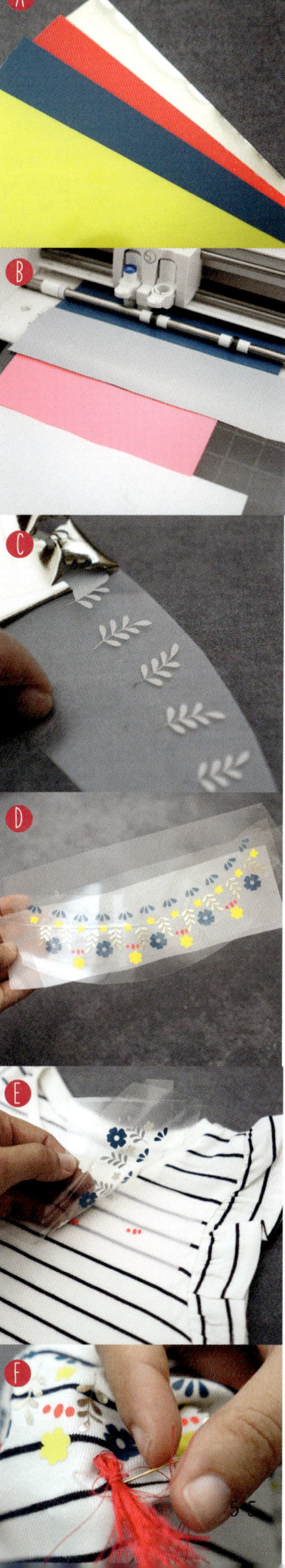

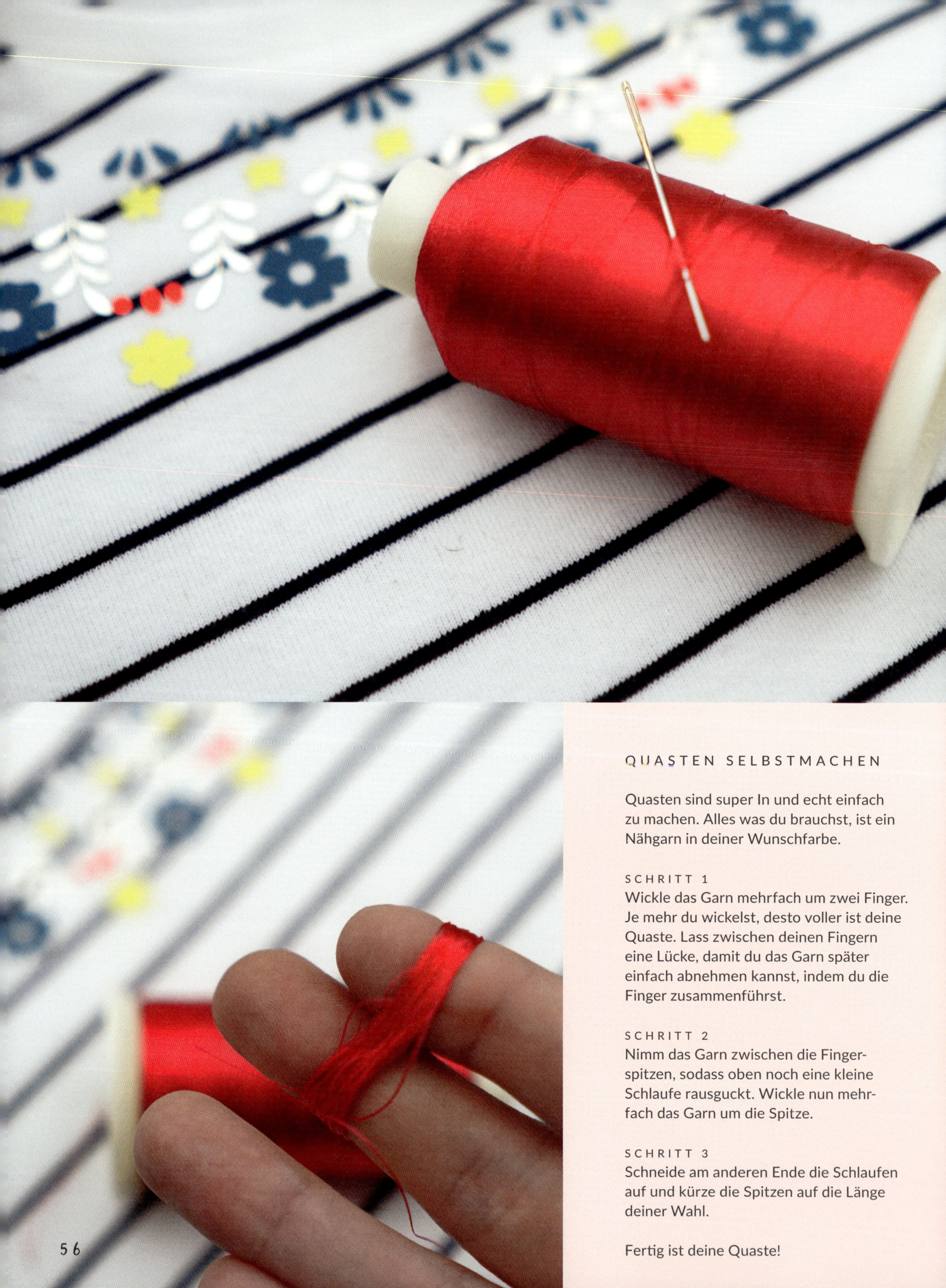

## QUASTEN SELBSTMACHEN

Quasten sind super In und echt einfach zu machen. Alles was du brauchst, ist ein Nähgarn in deiner Wunschfarbe.

SCHRITT 1
Wickle das Garn mehrfach um zwei Finger. Je mehr du wickelst, desto voller ist deine Quaste. Lass zwischen deinen Fingern eine Lücke, damit du das Garn später einfach abnehmen kannst, indem du die Finger zusammenführst.

SCHRITT 2
Nimm das Garn zwischen die Fingerspitzen, sodass oben noch eine kleine Schlaufe rausguckt. Wickle nun mehrfach das Garn um die Spitze.

SCHRITT 3
Schneide am anderen Ende die Schlaufen auf und kürze die Spitzen auf die Länge deiner Wahl.

Fertig ist deine Quaste!

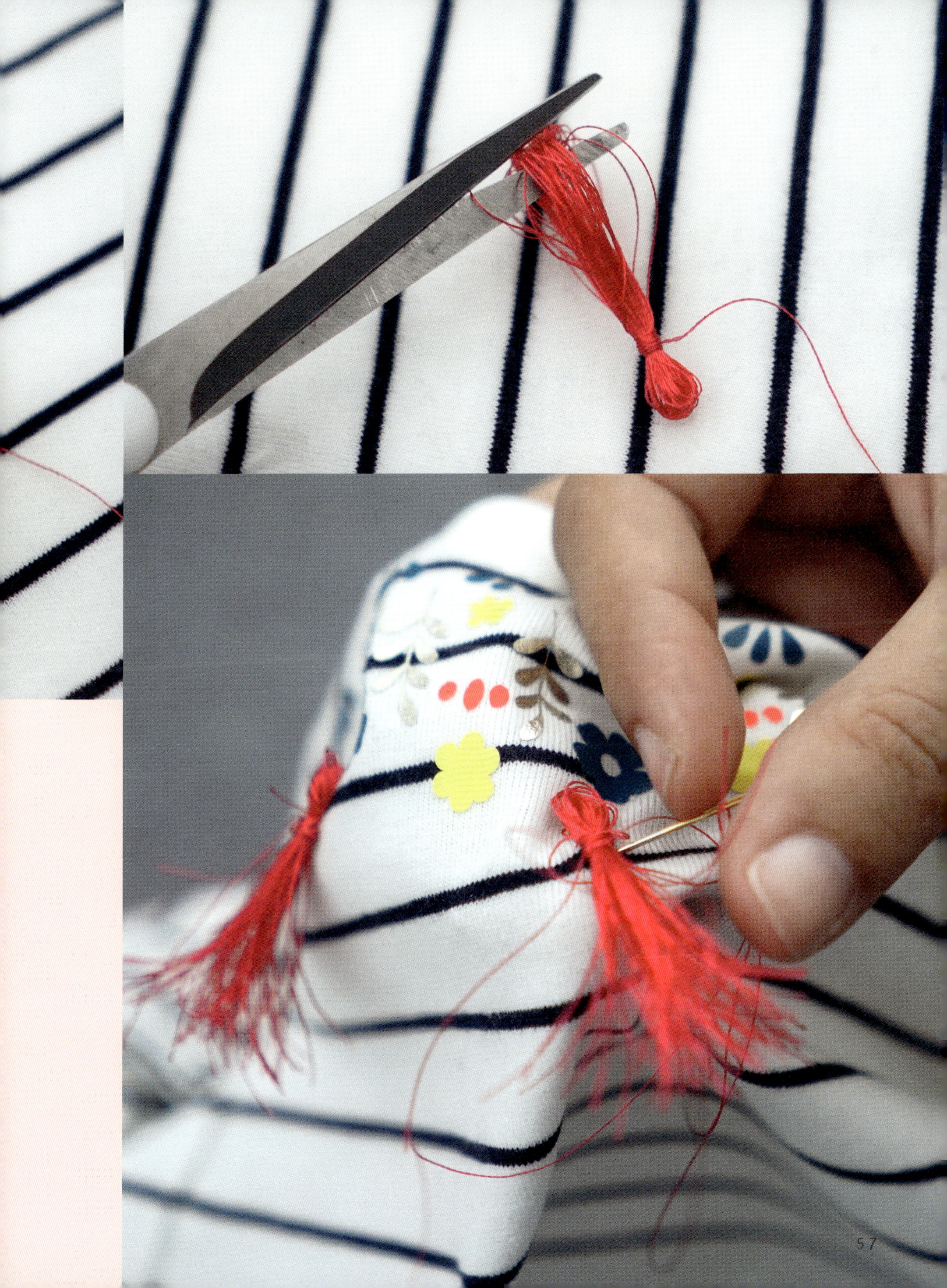

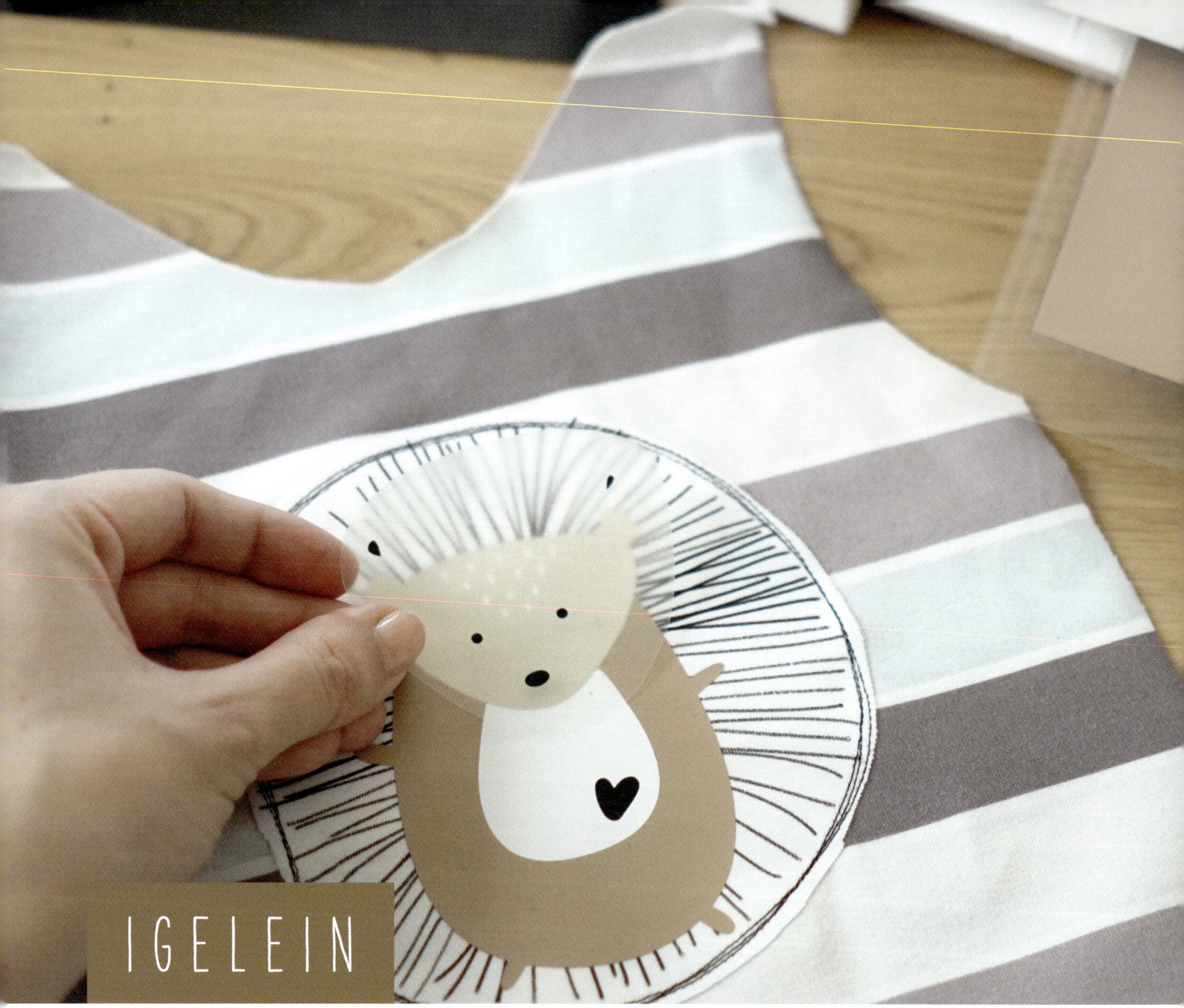

# IGELEIN

## TEXTILSTIFTE ZUM ZEICHNEN NUTZEN

ICH HABE EINE SUPERCOOLE TECHNIK FÜR EUCH AUSPROBIERT. SIE MACHT DEINEN PLOTTER WIRKLICH ZUR ZAUBERMASCHINE! DU KANNST EINZELNE ELEMENTE, WIE DIE STACHELN DIESES IGELS GANZ EINFACH MIT TEXTILSTIFTEN ZEICHNEN. DAS MACHT DEINE PLOTTS NOCH BESONDERER UND ERÖFFNET GANZ NEUE MÖGLICHKEITEN DER TEXTILEN GESTALTUNG.

SCHWIERIGKEIT 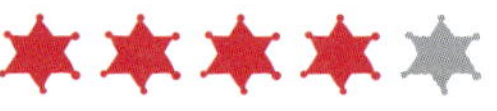

### MATERIAL

- Weißer Stoff, ca. 15 cm x 15 cm
- Vliesofix
- Textilstift (dünn) in Schwarz
- Universal Stifthalter
- Flexfolie in Schwarz, Braun, Beige und Weiß, ca. A4
- Nähmaschine
- Entgitterwerkzeug
- Bügeleisen oder Presse

### VORLAGEN

- paulundclara_igel (1 VORLAGE)

**SCHRITT 1**

PLOTT VORBEREITEN

Plotte das Motiv in den verschiedenen Schichten wie gewohnt aus. Nutze am besten Flexfolie, da du mehrschichtig arbeitest.

**SCHRITT 2**

TEXTILSTIFT VERWENDEN (A–C)

Setze deinen Textilstift in den Universal-Stifthalter ein (A). Diesen gibt es sowohl für Silhouette-Geräte als auch fürBrother. Du benötigst einen recht dünnen Textilstift, sonst passt er evtl. nicht in deine Halterung.

Bügle Vliesofix auf die Rückseite von einem weißes Stück Stoff (B). Dieses sollte ein gutes Stück größer sein als dein Motiv.

Klebe den Stoff mit dem Vliesofix nach unten auf die Schneidematte und lade sie.

Sende die Stacheln des Igels an deinen Plotter. Wähle statt „schneiden", „zeichnen" bzw. im Silhouette Studio „skizze" aus. Bei Plottern von Silhouette stellst du das im Studio ein, bei Brother direkt am Plotter beim Absenden des Auftrags. Du kannst auch mit dem Stift einen Testschnitt machen, um zu prüfen, ob der Stift korrekt eingesetzt ist.

Dein Plotter zeichnet jetzt die Stacheln des Igels mit dem Textilstift auf den Stoff (C).

**SCHRITT 3**

APPLIZIEREN (D–E)

Entlade danach die Schneidematte und schneide deinen Stoff zu einem Oval. Löse das Schutzpapier deines Vliesofix und bügle den Stoff auf den Untergrund (D). Ich möchte z. B. ein Shirt nähen und platziere die Applikation daher auf das bereits zugeschnittene Vorderteil.

Nähe mit einem einfachen Geradstich mehrfach um das Oval, um den Stoff zu fixieren (E).

**SCHRITT 4**

PRESSEN

Presse jetzt den restlichen Igel wie gewohnt auf. Achte bei der ersten Schicht besonders darauf, dass die Enden der Stacheln gut abgedeckt werden.

Durch das Pressen wird deine Textilfarbe gleichzeitig fixiert.

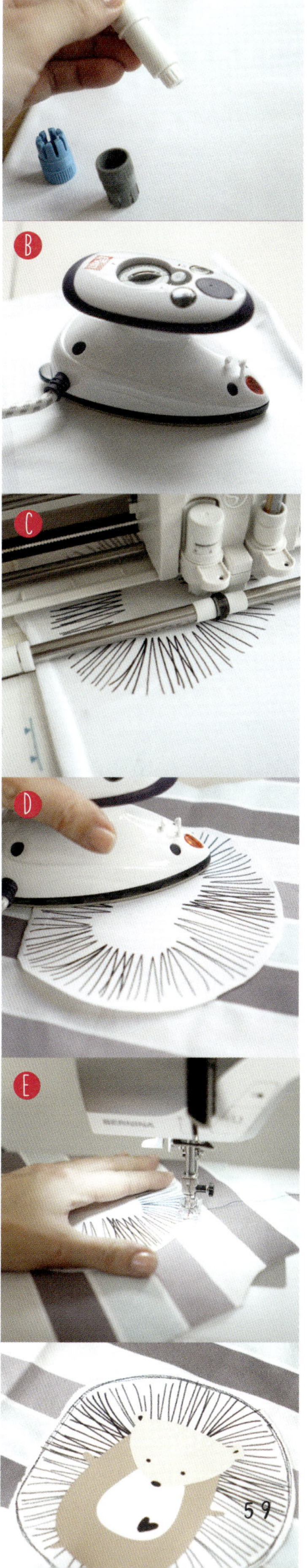

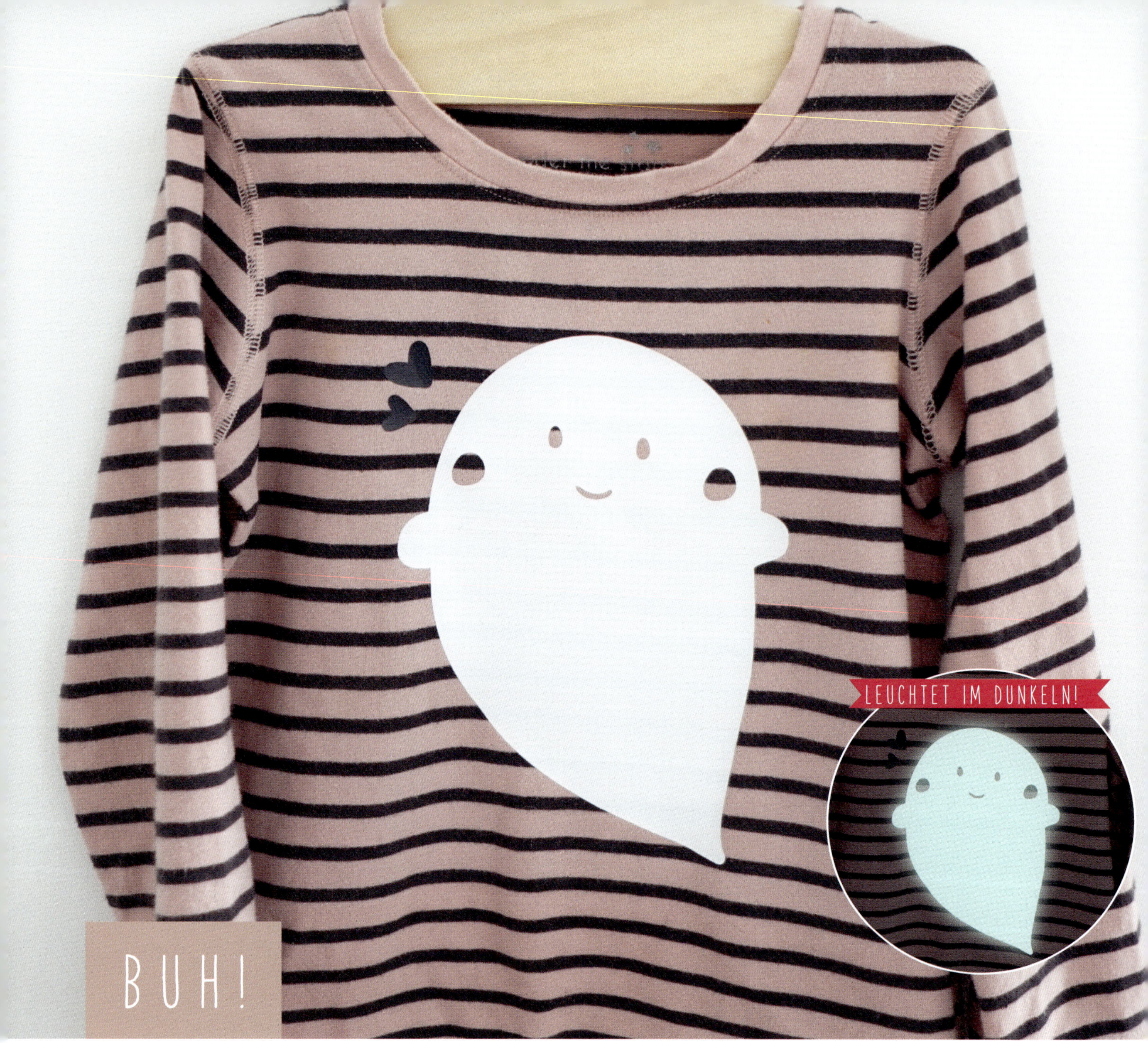

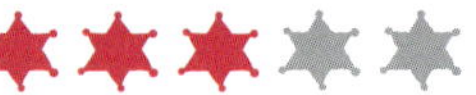


# BUH!

## NACHTLEUCHTENDE FOLIE

JETZT WIRD ES GRUSELIG! KENNST DU NACHTLEUCHTENDE FOLIE NOCH VON FRÜHER? WAS GAB ES SCHÖNERES ALS DEN NACHTHIMMEL AN DER KINDERZIMMERDECKE? GENAUSO FUNKTIONIEREN NACHTLEUCHTENDE FOLIEN. MIT IHNEN KANNST DU GANZ BESONDERS TOLLE SCHLAFANZÜGE GESTALTEN. ICH ZEIGE DIR WIE.

SCHWIERIGKEIT ★★★☆☆

### MATERIAL

- Nachleuchtende Thermotransferfolie, ca. A4
- Flexfolienrest in Schwarz
- Entgitterwerkzeug
- Bügeleisen oder Presse

### VORLAGEN

- paulundclara_gespenst (1 VORLAGE)
- paulundclara_gespensttexte (3 VORLAGEN)

**SCHRITT 1**

PLOTT VORBEREITEN (A–C)

Klebe die nachtleuchtende Folie mit der glänzenden Seite nach unten auf die Schneidematte (A). Sende die Datei an deinen Plotter.

Je nach Material können die Einstellungen variieren. Ich nutze in etwa die gleichen Einstellungen von Flockfolie, da meine Folie deutlich dicker ist als eine normale Flexfolie.

Ich passe das Messer so an, dass der Plotter auch mein Trägermaterial schneidet, aber die Schneidematte nur leicht ankratzt. Dadurch entgittert sich der Plott beim abziehen von der Schneidematte wie von selbst (B). Du kannst das Motiv natürlich auch wie gewohnt schneiden und entgittern.

Zusätzlich plotte ich noch einen passenden Spruch auf ein Stück Kunstlederpapier (C).

**SCHRITT 2**

PRESSEN (D)

Mein Gespenst hat keine überschüssige Trägerfolie, die durch ihre rückklebende Eigenschaft beim Auflegen auf das Textil den Plott an seiner Position hält (D). Sei deswegen etwas achtsamer, damit sich der Plott beim Pressen nicht verschiebt.

Presse die Folien gemäß den Herstellerangaben und ziehe anschließend die Trägerfolie ab.

**SCHRITT 3**

LABEL APPLIZIEREN (E)

Appliziere noch dein Label mit einem Geradestich (E).

Jetzt warte nur noch ab, was passiert, wenn es Schlafenszeit ist.

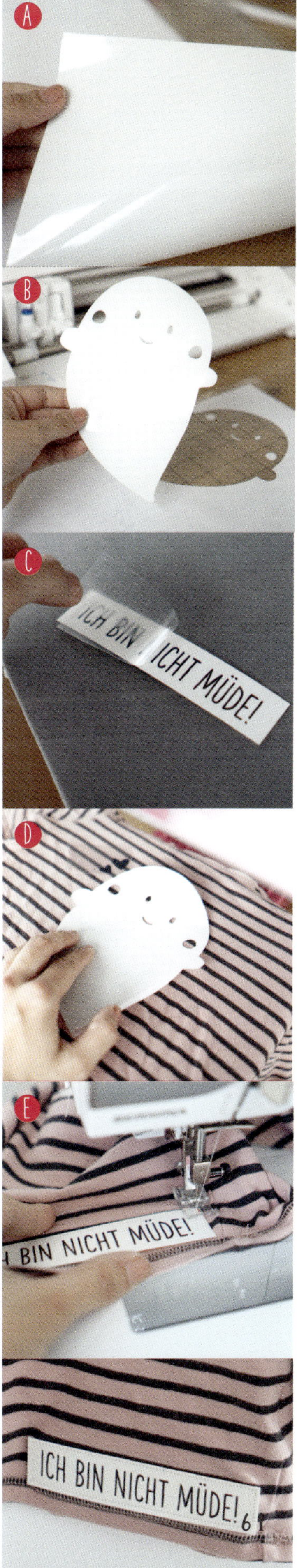

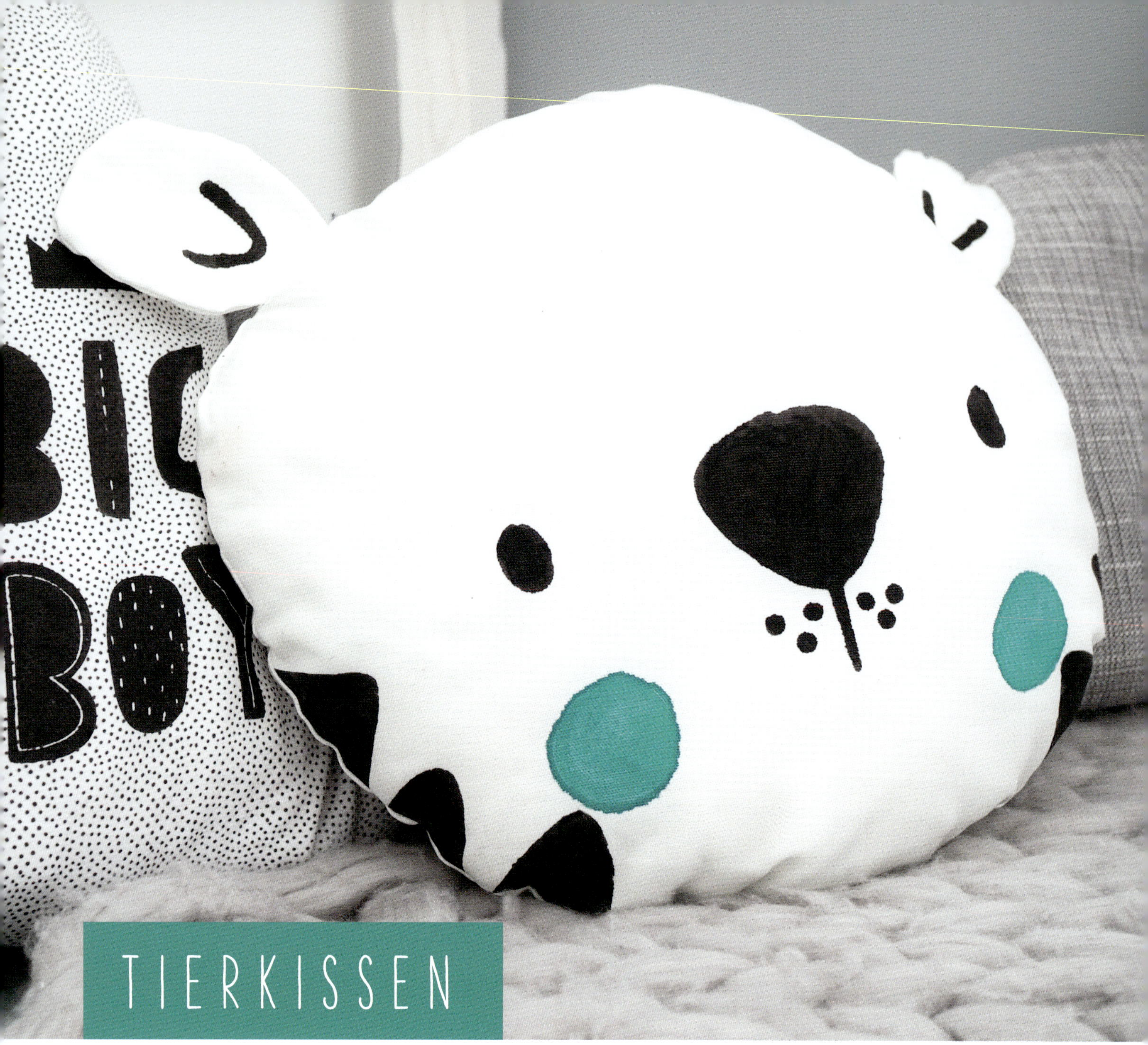

# TIERKISSEN

## TEXTILFARBE UND SCHABLONEN

WUSSTEST DU SCHON, DASS MAN SCHABLONEN FÜR TEXTILFARBEN PLOTTEN KANN? SO KANNST DU RICHTIG TOLLE PROJEKTE UMSETZEN. PROBIER ES GLEICH AUS. ICH ZEIG DIR WIE´S GEHT!

SCHWIERIGKEIT 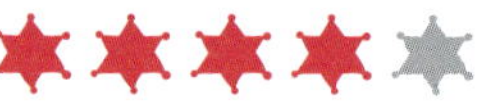

### MATERIAL

- Stoff für Kissen, ca. 50 cm x 50 cm
- Schlablonenfolie (klebend), ca. A4
- dickflüssige Textilfarbe in Schwarz und Türkis
- Schablonierpinsel
- evtl. Vliesofix zum Verstärken
- Nähmaschine

### VORLAGEN

- paulundclara_tierkissen (1 VORLAGE)

### SCHRITT 1

DATEI VORBEREITEN

Bei diesem Projekt plotten wir das Motiv aus Schablonen-Folie. Ich nutze die selbstklebende Folie von Silhouette. Sie lässt sich super schneiden und haftet gut am Stoff. So kann die Textilfarbe nicht verlaufen.

Ich habe dir das Motiv bereits auf einem A4 Bogen angeordnet. Du musst nur alles so skalieren, dass das Kontrollviereck in der linken Ecke die richtige Größe hat.

Die Vorlage muss nicht gespiegelt werden. Du kannst sie ganz normal schneiden.

### SCHRITT 2

PLOTTEN (A–B)

Klebe die Schablone auf deine Schneidematte. Und schneide alle Elemente des Kissens aus (A).

Mit welchen Einstellungen du dein Material schneidest, hängt sehr vom Hersteller ab. Deswegen kann ich dir hier keine Empfehlung geben. Mache deswegen unbedingt vorab einen Testschnitt.

Entlade deine Schneidematte und entgittere die Schablone (B). Hierbei gehst du genau andersherum vor. Alles was du später auf deinen Stoff übertragen willst, muss entfernt werden, damit hier eine Lücke entsteht, wo du deine Stofffarbe auftragen kannst. Der Rest des Stoffes wird durch die Schablone geschützt und daher nicht gefärbt.

### SCHRITT 3

FARBE AUFTRAGEN (C–F)

Schneide zwei Kreise mit einem Durchmesser von 40 cm zu (C). Lege dann ein Stück Karton unter den Stoff für die Vorderseite und platziere den Stoff glatt darauf.

Klebe jetzt deine Schablonenstücke auf den Stoff. Nutze die Vorlage, um die richtige Position der Schablone zu finden. Streife anschließend mehrfach fest über die Schablone, damit sie gut am Stoff haftet.

Es ist wichtig, dass du immer ausreichend Rand um deine Löcher hast der von der Schablone bedeckt wird. So verhinderst du, dass der Stoff verschmutzt wird, wenn du etwas über den Rand kommst.

Gebe ein wenig Textilfarbe in eine Schüssel und nutze den Schablonierpinsel, um die Farbe aufzutragen. Tupfe hierfür mehrfach über den Stoff (E). Lass die Farbe kurz trocknen und wiederhole den Vorgang ggf., damit die Textilfarbe besonders gut deckt.

Als Letztes nimmst du noch die Innenteile der Ohren und färbst auch hier mit der Schablone das Ohrinnere ein.

Anschließend kannst du die Schablonen vorsichtig abziehen, wenn deine Farbe etwas angetrocknet ist (F). Folge nun den Angaben der Textilfarbe, um diese zu fixieren. Meist muss sie gut trocknen und wird dann nochmal gebügelt. Du findest Schritt 4 zum Nähen auf der nächsten Seite.

## Tipp

Probiere unbedingt die neue Glitzerpaste für Textilien von efco! Sie ist besonders für Schablonen perfekt geeignet.

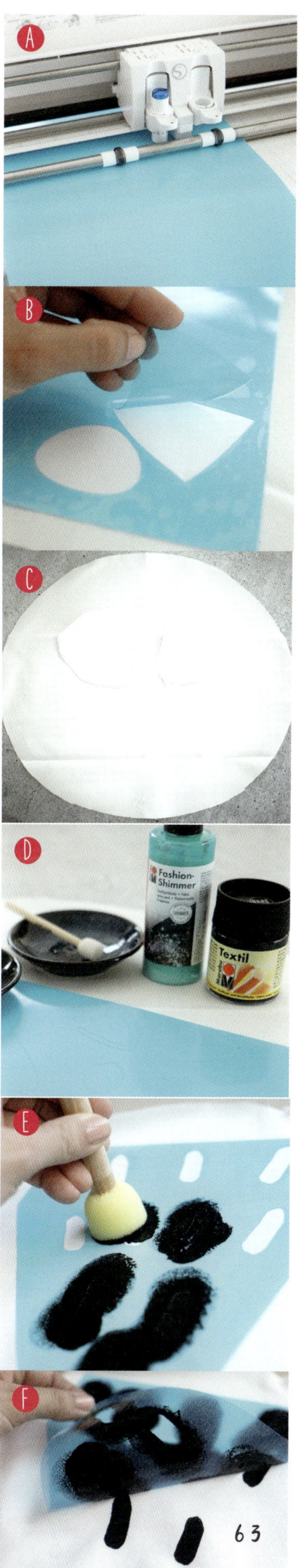

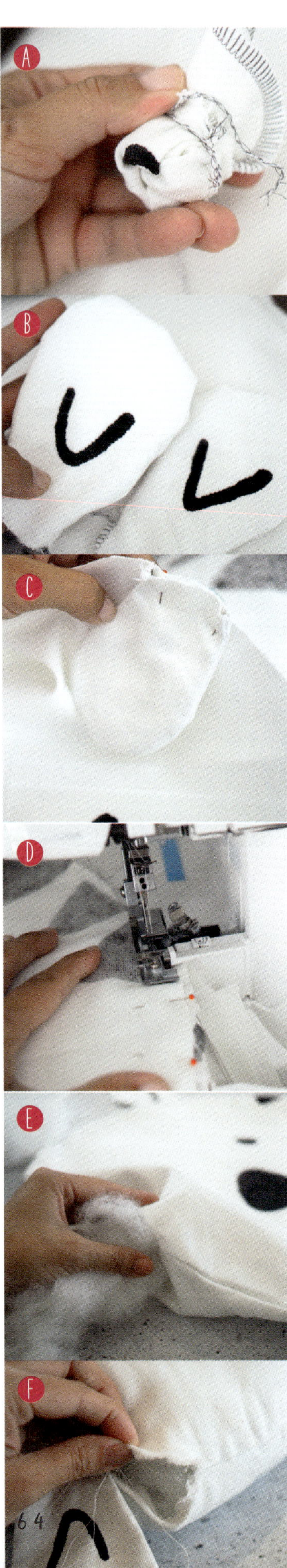


**SCHRITT 4**

KISSEN NÄHEN (A–F)

Nähe als erstes die Ohren rechts auf rechts aufeinander. Verstärke sie vorab, wenn gewünscht, mit Vliesofix, dann haben sie später mehr Stand.

Wende die Ohren (A–B) und fixiere sie mit Stecknadeln am Kopf des Tigers (C).

Lege dann die Rückseite des Kopfes rechts auf rechts auf das Gesicht und stecke alles fest.

Nähe das Kissen zusammen (D), lass aber eine Wendeöffnung. Durch diese wendest du dein Kissen und füllst es anschließend mit Füllwatte (E).

Verschließe jetzt nur noch die Wendeöffnung mit einem Matratzenstich (F).

Und fertig ist dein Tierkissen!

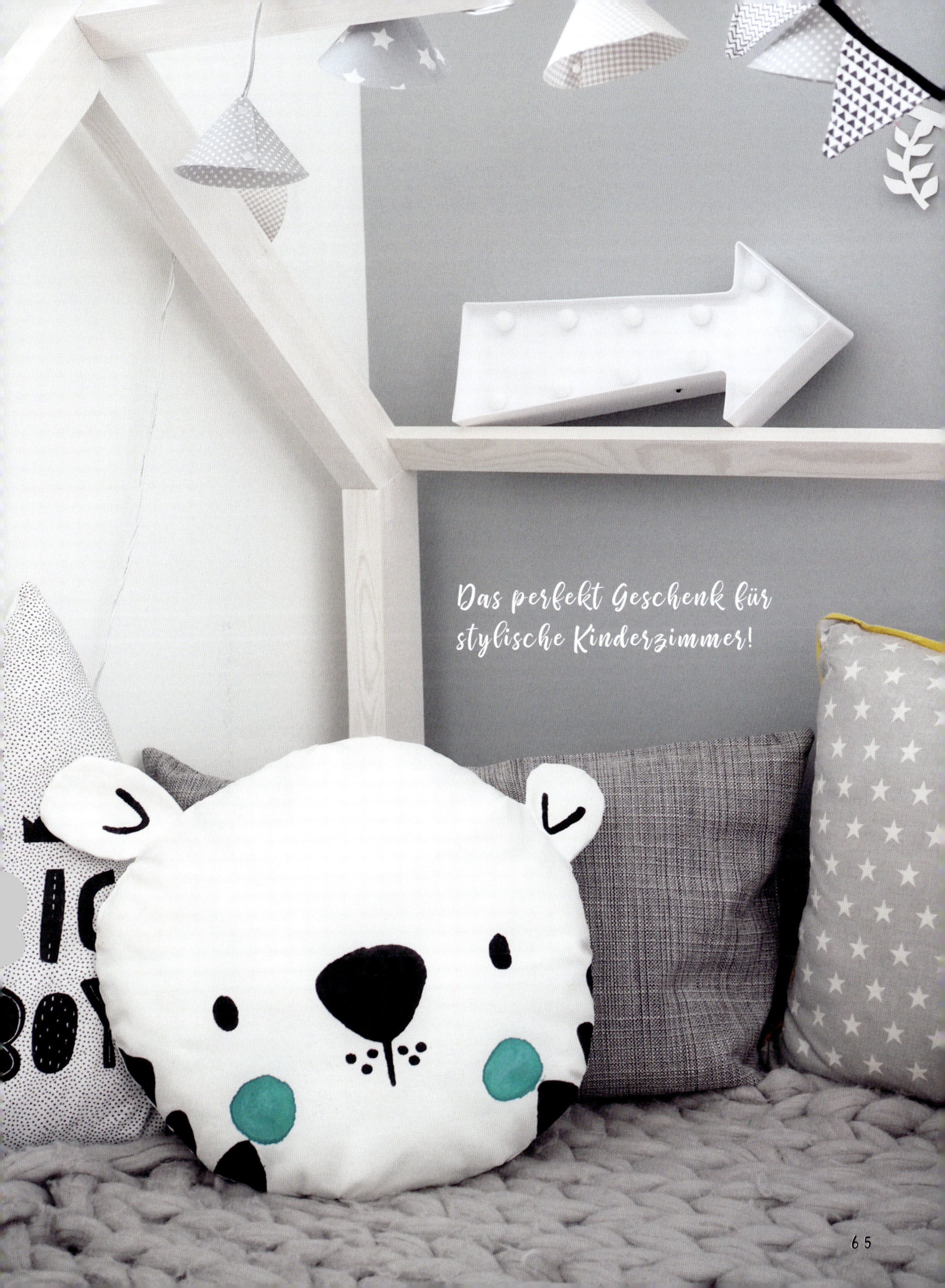

Das perfekt Geschenk für stylische Kinderzimmer!

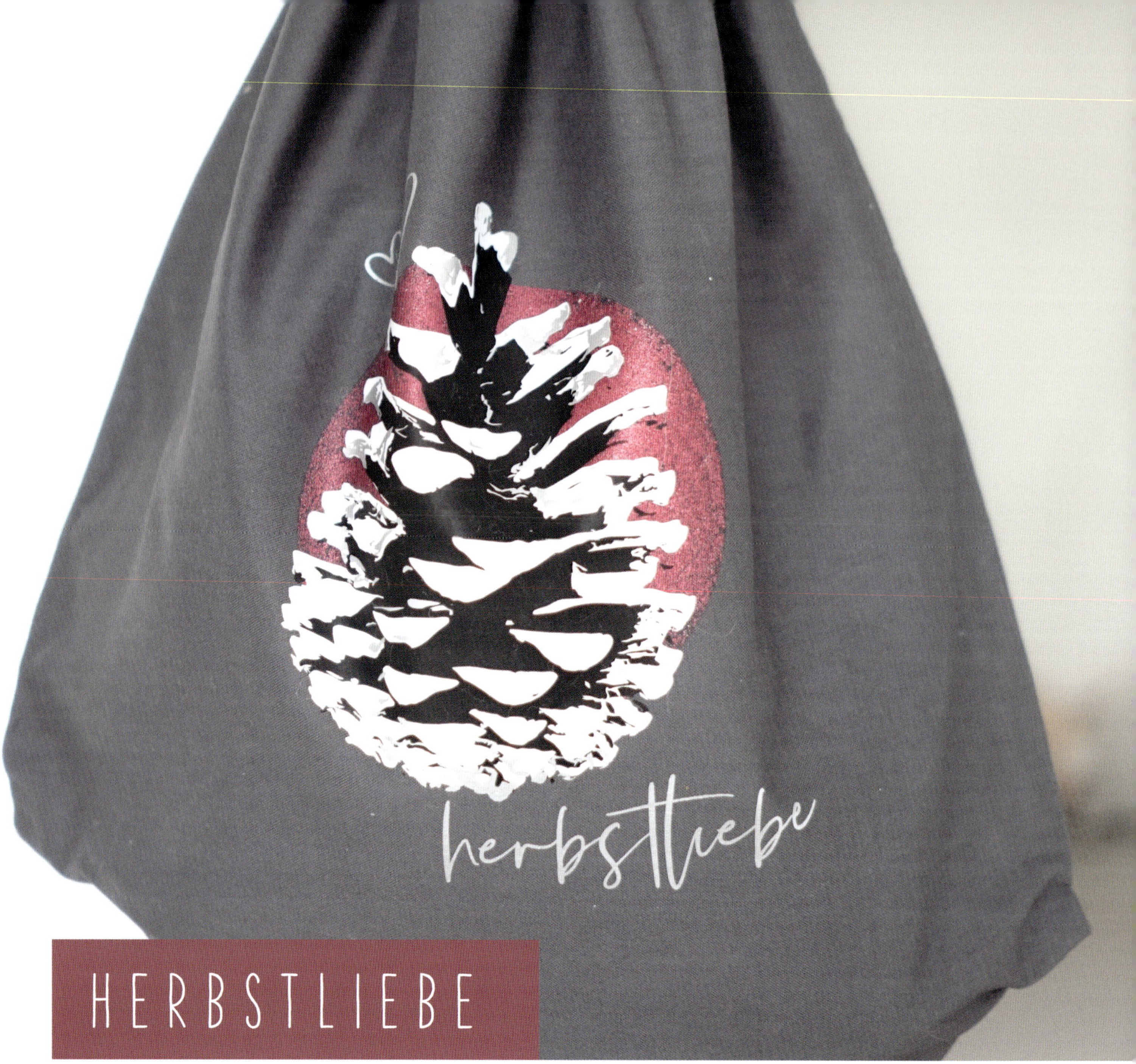

# HERBSTLIEBE

## HEIßPRÄGEFOLIE

KENNST DU SCHON MEINE AQUARELLMOTIVE? SIE SEHEN RICHTIG COOL AUS UND WIRKEN RICHTIG REALISTISCH. DAS WICHTIGSTE IST, DASS DU FARBLICH ABGESTUFTE FOLIEN HAST. SO WERDEN DIE ÜBERGÄNGE BESONDERS SCHÖN UND DER EFFEKT VERSTÄRKT SICH. ICH ERGÄNZE DAS MOTIV MIT HEIßPRÄGEFOLIE. DAS VERLEIHT DEM PLOTT EINEN GANZ BESONDEREN LOOK.

SCHWIERIGKEIT 

### MATERIAL

- Flexfolie in 4 Farbabstufen z. B. in Grau, Silber, Weiß und Schwarz, ca. A4
- Heißprägefolie und Folie für den Untergrund, ca. A4
- Entgitterwerkzeug
- Bügeleisen oder Presse

### VORLAGEN

- paulundclara_herbstliebe (1 VORLAGE)

### SCHRITT 1

PLOTTEN (A)

Plotte das Motiv in den verschiedenen Schichten. Achte dabei darauf die Farbe in den Schattierungen gemäß den Vorgaben zu verwenden, nur so wird der Aquarelleffekt später richtig schön. In welcher Farbe du plottest, kannst du natürlich selbst entscheiden.

Kombiniere Folien von verschiedenen Herstellern, da z. B. das Grau von Hersteller A etwas dunkler ist als das von Hersteller B. So hat man besonders feine Abstufungen.

Das Schneiden der Datei kann etwas länger dauern. Achte darauf, dass dein Computer nicht in den Ruhemodus wechselt. Sonst bricht der Plotter den Vorgang evtl. ab.

Für die Heißprägefolie benötigst du einen Untergrund. Bei hellen Stoffen verwendest du am besten schwarze Flexfolie, so leuchtet die Folie später kräftiger.
Für dunkle Stoffe, kannst du auch die transparente Flexfolie, die es speziell für die Heißprägefolien gibt, verwenden. Ich verwende die transparente Untergrundfolie (A).

### SCHRITT 2

ENTGITTERN (B)

Das Entgittern der filigranen Teile ist sehr einfach. Du musst z. B. nicht ganz genau darauf achten, alles exakt zu entgittern (B). Fehlende Teile fallen später nämlich kaum auf. Und es sind fast nur Flächen mit wenigen Innenteilen. So geht dieser Schritt wirklich fix und sieht nur auf den ersten Blick kompliziert aus.

### SCHRITT 2

PRESSEN (C–F)

Presse als erste Schicht den Untergrund der Heißprägefolie, den Kreis, auf (C). Lass alles gut abkühlen und lege dann die Heißprägefolie so auf den Kreis, dass alles abgedeckt ist (D). Die Heißprägefolie muss vorher nicht geplottet werden. Du kannst sie höchstens mit der Schere etwas zurecht schneiden. Sie bleibt nach dem Pressen nur an den Stellen mit Folie als Untergrund haften, da sie mit ihr verschmilzt.

Presse die Folie gemäß den Herstellerangaben auf. Wenn du eher einen Shabby-Effekt willst, kannst du die Folie heiß abziehen. Dadurch bleibt nur ein Teil der Folie haften. So habe ich es bei meinem Beispiel gemacht.

Ziehe ansonsten die Folie kalt ab.
So erhältst du eine spiegelglatte, hochglänzende Oberfläche.

Presse jetzt alle weiteren Schichten gemäß der Reihenfolge auf. Ich klebe mir wieder die Schichten vorab übereinander und löse dann immer die unterste Schicht ab, um den Plott passgenau zu positionieren (E).

Denke daran deine Schichten immer nur so kurz wie möglich zu pressen, um ein Schrumpfen zu vermeiden. Sonst passen deine Schichten später nicht mehr richtig aufeinander (F).

Als letzten Schritt presst du alle Schichten nochmal, um mögliche Übergänge und Druckstellen auszugleichen. Zusätzlich haftet so der Plott sicher, nachdem du die Schichten vorher immer nur kurz gepresst hattest.

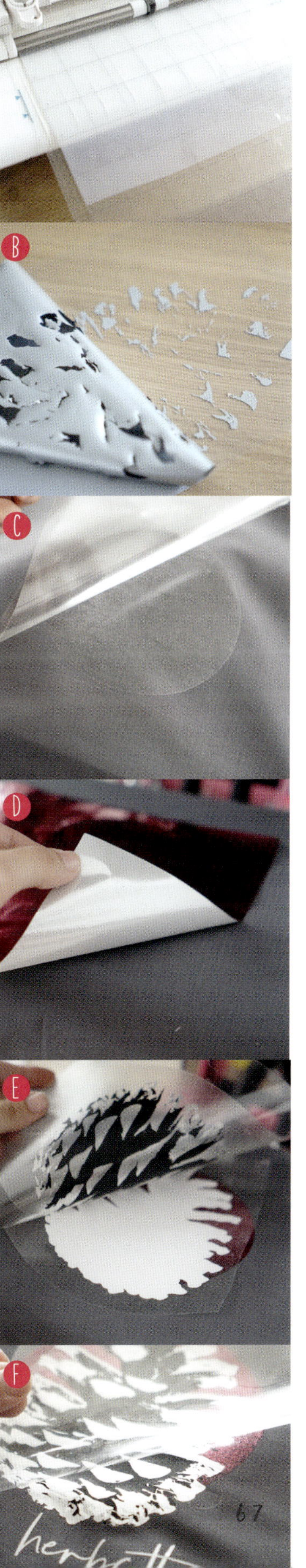

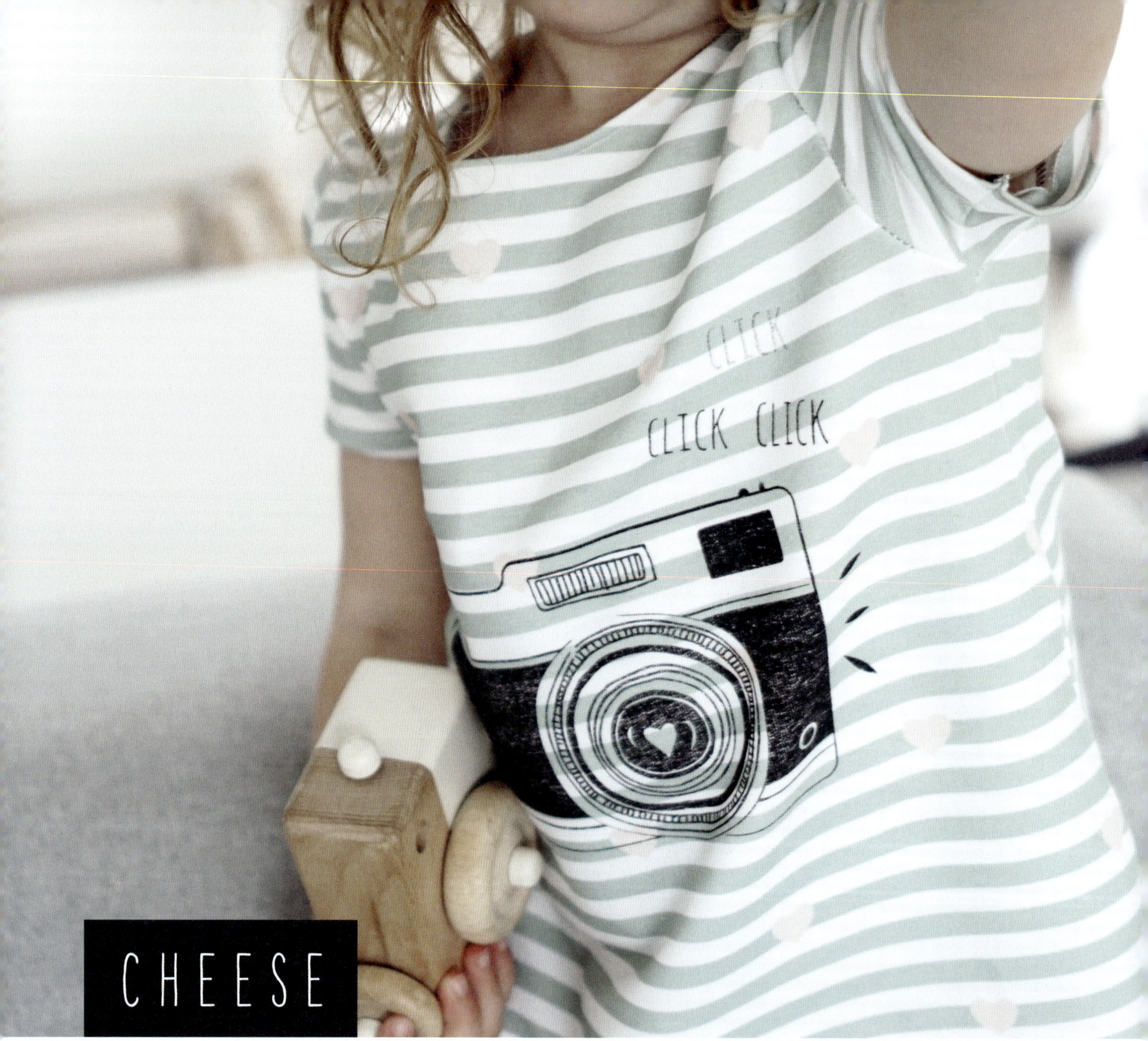

# CHEESE

## VINTAGEFOLIE

LUST AUF EINEN PLOTT, DER GARNICHT AUSSIEHT WIE EIN PLOTT? MIT DER VINTAGEFOLIE VON HAPPYFABRIC IST DAS KEIN PROBLEM. DAS MOTIV SIEHT NACH DEM PRESSEN AUS WIE AUFGEDRUCKT UND HAT EINEN COOLEN VINTAGE-LOOK. DAS MUSST DU AUSPROBIEREN!

SCHWIERIGKEIT 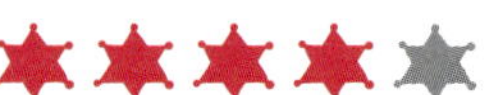

### MATERIAL

- Vintagefolie in Schwarz von happyfabric.de, ca. A4
- Entgitterwerkzeug
- Bügeleisen oder Presse

### VORLAGEN

- paulundclara_vintagecamera (1 VORLAGE)

**SCHRITT 1**

PLOTTEN

Öffne die Datei „vintagecamera“ in deiner Software.

Skaliere die Kamera auf deine gewünschte Größe und vergiss nicht, das Motiv anschließend zu spiegeln.

Platziere die Vintagefolie auf der Schneidematte und stelle das Messer auf die passenden Werte für Thermostransfersfolie (glatt), also Flexfolie. Auch bei der Vintagefolie erkennst du die Trägerseite an der glänzenden Oberfläche und die Folienseite an der matten Oberfläche.

Mache unbedingt vorab einen Testschnitt, um deine Messereinstellungen zu prüfen.

Wenn der Testschnitt klappt, kannst du deine Datei an den Plotter senden. Entlade dann die Schneidematte und löse vorsichtig die Folie von der Matte.

**SCHRITT 2**

ENTGITTERN (A–B)

Das Entgittern bei dieser Vorlage ist etwas anspruchsvoller und benötigt Geduld, da sie viele kleine Innenflächen hat, die entfernt werden müssen.

Um später nicht unzählige kleine Folienreste zu haben, sammle ich die Folie auf einem Stück Trägerfolie. Dort bleiben sie wunderbar haften (A).

Achte darauf, dass Vintagefolie keinen rückhaftenden Träger hat. Daher lassen sich einmal abgelöste Teile nicht wieder zurück auf den Träger kleben (B).

**SCHRITT 2**

PRESSEN (C–E)

Heize deine Presse auf 200°C bzw. dein Bügeleisen auf die höchste Stufe auf (C). Du benötigst die hohe Temperatur, um den Vintageeffekt zu erzielen.

Platziere die Folie auf deinem Textil und presse sie dann 20 Sekunden mit hohem Druck (D). Ziehe die Folie danach sofort in einer Bewegung ab (E). Stoppe nicht, sonst ist der Effekt nicht gleichmäßig.

Beim Abziehen wirst du schnell merken, dass dein Motiv auf der Folie haften bleibt und nur ein Abdruck auf dem Stoff ist, wie von einem Stempel.

Du kannst den Plott mehrfach wiederverwenden, bei jeder Verwendung wird der Abdruck etwas heller. So kannst du besondere Effekte erzielen. Ich habe das „CLICK“ mehrfach verwendet.

## Tipp

Wenn du die Folie bei 160°C für 10 Sekunden presst und kalt abziehst, verhält sie sich wie eine normale Flexfolie und bleibt am Stoff haften. Sie ist dabei aber viel dünner.

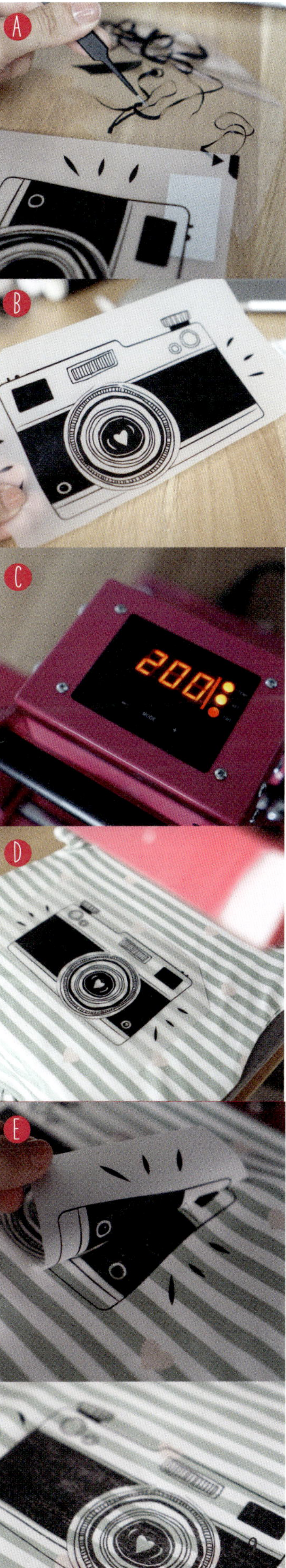

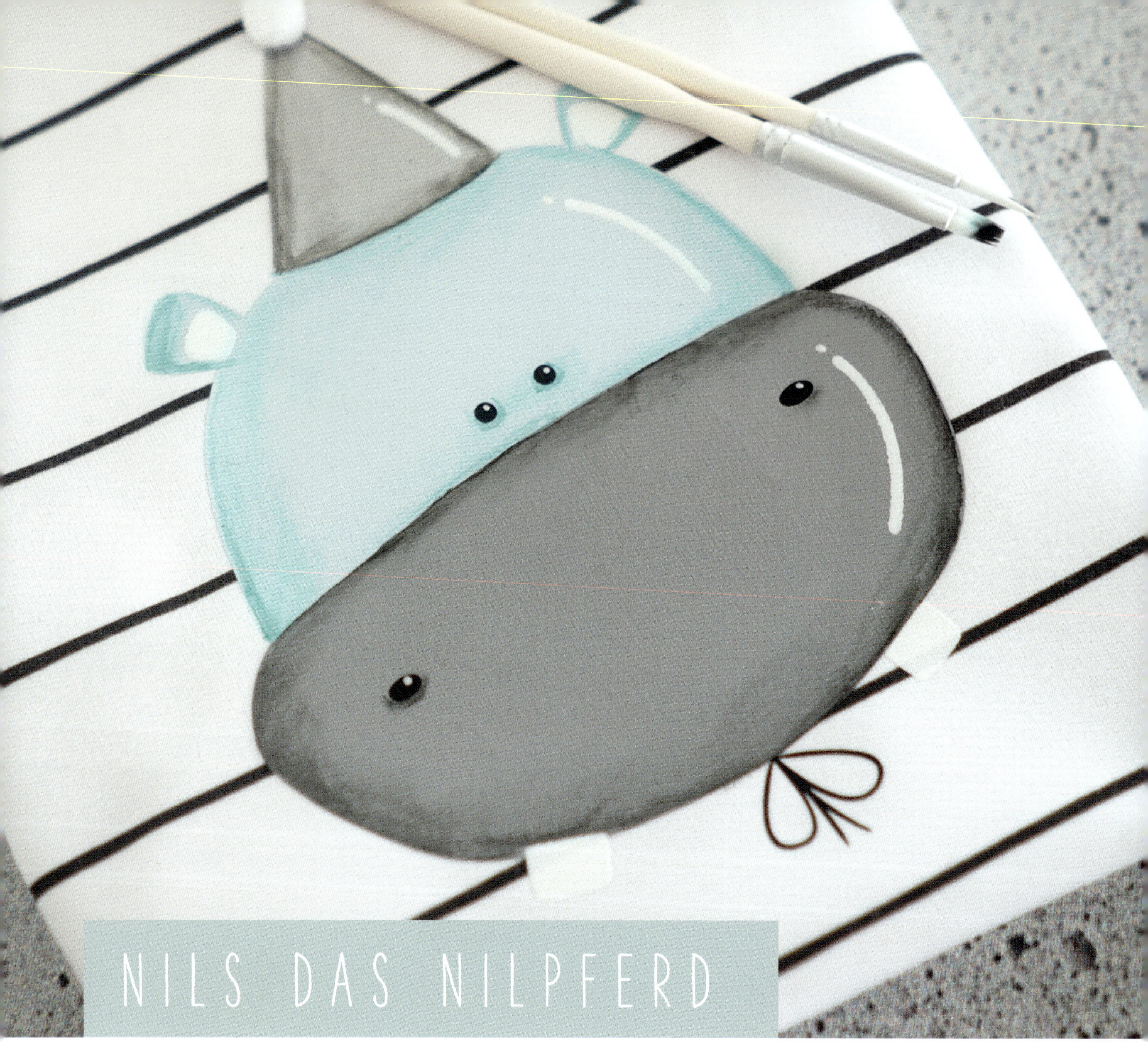

# NILS DAS NILPFERD

## FOLIEN SCHATTIEREN

WUSSTEST DU, DASS MAN AUCH FOLIE MIT TEXTILFARBE SCHATTIEREN KANN? SO WERDEN DEINE MOTIVE NOCH LEBENDIGER. PROBIER ES DOCH EINFACH MAL!

SCHWIERIGKEIT 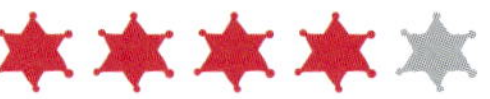

### MATERIAL

- Textilfarbe in Grau, Petrol und Weiß (Stifte oder dickflüssige Farbe)
- harte Pinsel in verschiedenen Stärken
- Thermotransfersfolie in Mint, Grau, Schwarz und Weiß, ca. A4
- Weißer Pompon für die Mütze
- Entgitterwerkzeug
- Bügeleisen oder Presse

### VORLAGEN

- paulundclara_nilsnilpferd (1 VORLAGE)

## SCHRITT 1

### PLOTT VORBEREITEN

Plotte die Schichten gemäß der Übersicht in den Farben deiner Wahl aus und entgittere sie. Ich wähle für die weiße Schicht Flockfolie und für die übrigen Flexfolie.

## SCHRITT 2

### PRESSEN (A)

Presse die Schichten wie auf Seite 44 beschrieben für die 1. Variante des mehrfarbigen Plottens (A). Achte auf die Position der Elemente. Orientiere dich am Besten an der Vorschau.

Denke immer daran die Schichten nur so kurz wie möglich zu pressen, um ein Schrumpfen zu vermeiden. Sonst passen deine Schichten später nicht mehr richtig aufeinander.

Als letzten Schritt presst du alle Schichten nochmal, um mögliche Übergänge und Druckstellen auszugleichen. Zusätzlich haftet so der Plott sicher, nachdem du die Schichten vorher immer nur kurz gepresst hattest.

## SCHRITT 3

### SCHATTIEREN (B–F)

Presse dir von jeder Folie ein kleines Stück auf einen Stoffrest. Teste hierauf vorab, ob der Farbton der Textilfarbe gut zu deiner Folienfarbe passt. Gleichzeitig kannst du so ein wenig das Auftragen der Farbe üben.

Ich nutze am liebsten Textilstifte zum Schattieren (B). Da das direkte arbeiten mit den Stiften aber zu genaue Linien hinterlässt, übertrage ich die Farbe auf einen harten Borstenpinsel, indem ich mit dem Pinsel die Farbe der Stiftspitze aufnehme (C). Das geht auch super mit Stempelkissen, hier kannst du auch einfach die Farbe mit der Pinselspitze aufnehmen.

Nun bemale die Folie von außen nach innen (D). Dadurch wird der Farbauftrag nach innen immer schwächer und es entsteht ein Verlauf von Dunkel zu Hell. Schattiere so dein Motiv in der gewünschten Stärke (E).

Abschließend kannst du mit einer weißen, dickflüssigen Textilfarbe und einem ganz dünnen Pinsel noch Glanzpunkte in die Augen und Nasenlöcher setzen (F). So wirkt Nils noch lebendiger.

Lass alles gut trocknen und fixiere die Farbe noch gemäß den Herstellerangaben. Meist reicht es, den Plott noch einmal zu pressen.

## SCHRITT 4

### APPLIZIEREN

Als Letztes bekommt Nils noch seinen Pompon auf die Mütze appliziert. Nähe ihn einfach mit ein paar Stichen fest.

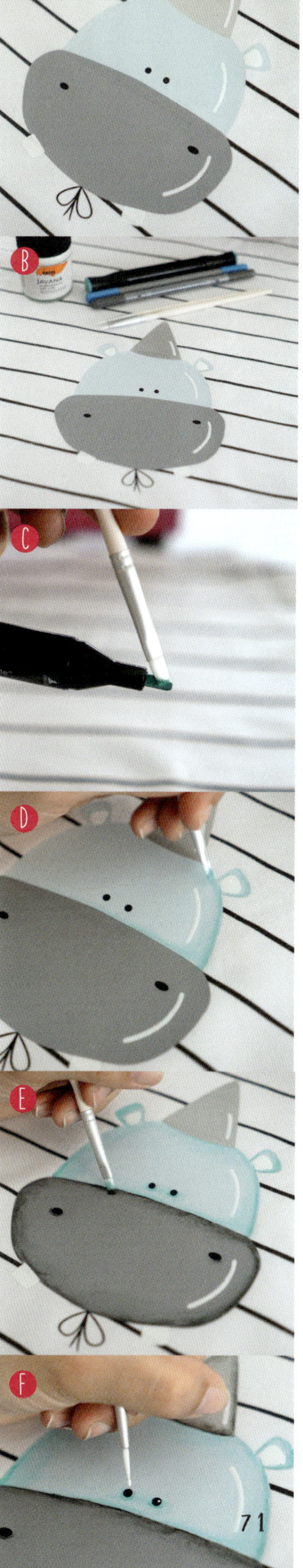

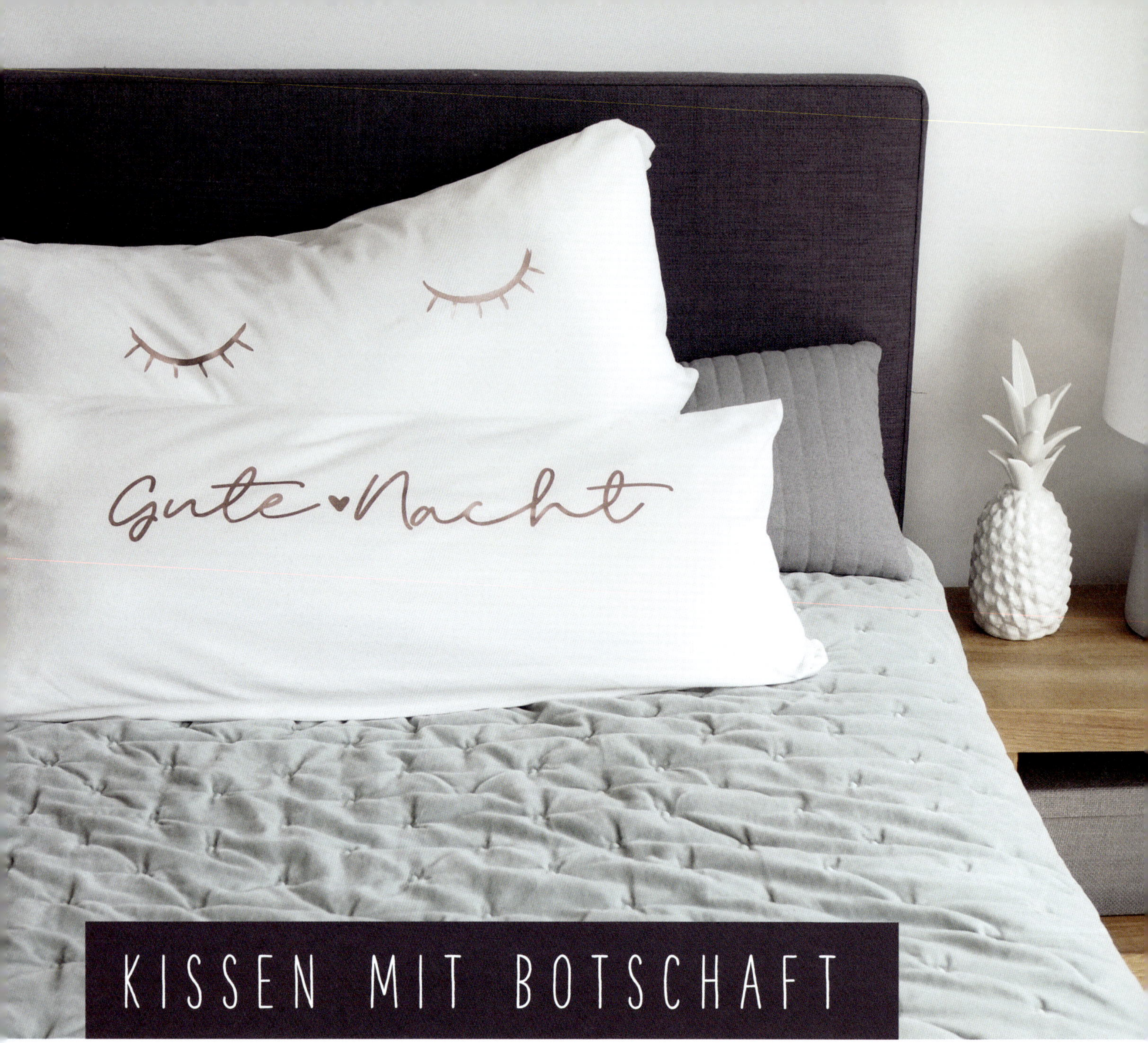

# KISSEN MIT BOTSCHAFT

## ÜBERGROSSE MOTIVE PLOTTEN

MIT EIN PAAR EINFACHEN TRICKS KANNST DU SELBST MIT EINEM KLEINEN PLOTTER GROSSE MOTIVE PLOTTEN. ICH ZEIGE DIR WIE´S GEHT!

SCHWIERIGKEIT 

### MATERIAL

- 2 Thermotransferfolien in Roségold, ca. A4
- Entgitterwerkzeug
- Bügeleisen oder Presse

### VORLAGEN

- paulundclara_kissen (3 VORLAGEN)

**SCHRITT 1**

PLOTT VORBEREITEN (A–B)

Du kannst auch übergroße Motive, die größer als deine Schneidematte sind, plotten, indem du dein Motiv in Bereiche aufteilst. Bei manchen Dateien geht das durch bereits vorhandene Unterteilungen, wie hier zwischen den Buchstaben. Du kannst aber auch ein großes Element aufteilen, indem du es auftrennst. Das geht in deinem Programm z. B. mit der „Teilen"-Funktion.

Bei diesem Projekt kannst du dein Motiv anhand der Wörter gut teilen und auf dem Druckbogen positionieren. Schiebe hierzu alles eng aneinander und nutze deinen plottbaren Bereich voll aus (A). Es kann sein, dass du mehrere Schneidevorgänge für ein Motiv benötigst (B).

**SCHRITT 2**

ENTGITTERN (C)

Entgittere anschließend alles (C) und schneide die Übertragungsfolie möglichst knapp aus. So kannst du die Elemente ganz eng auf dem Stoff anordnen, ohne dass sich die Folien überlagern. Dann können sie auch in einem Schritt gepresst werden.

**SCHRITT 3**

PRESSEN (D–F)

Lege die Folienteile auf dem Textil wieder richtig zusammen. Orientiere dich dabei anhand der Vorschau, damit die Abstände stimmen (D). Sollte die Folie überlappen, schneide sie nach Möglichkeit noch knapper zurück. Sollte das nicht möglich sein, wird diese Schicht in einem zweiten Schritt gepresst.

Aufgrund der Übergröße wird auch das Pressen in mehrere Steps unterteilt. Presse hierfür immer einen Teilbereich und schiebe den Stoff dann weiter (E).

Löse anschließend die Trägerfolie (F) und bewundere das Ergebnis.

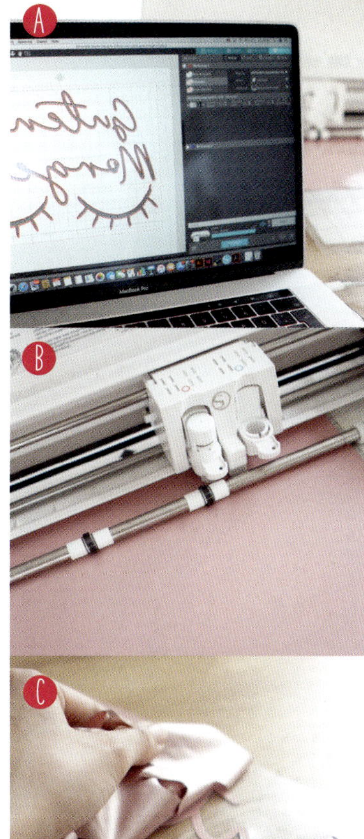

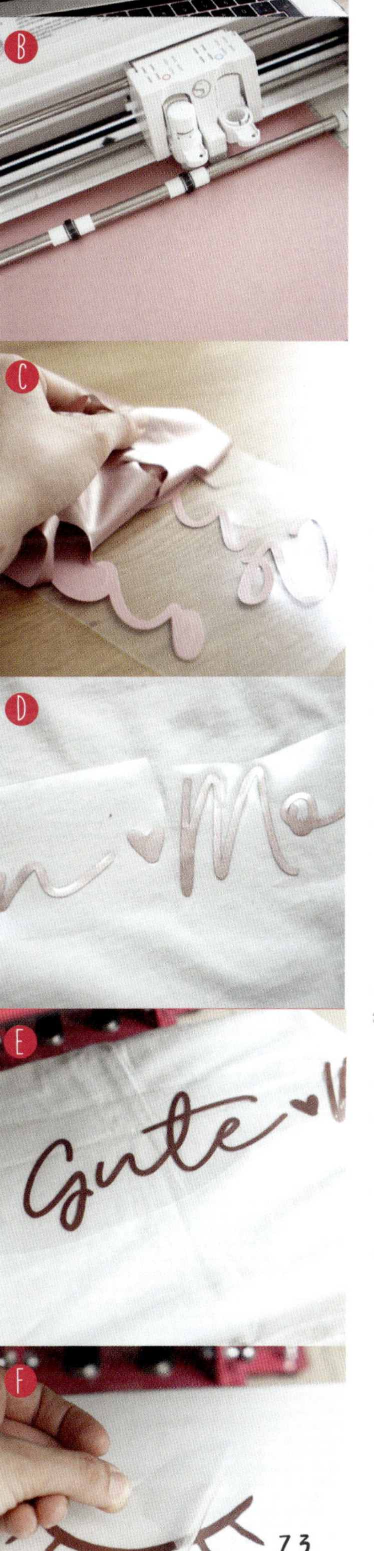

BEPLOTTE DIE VORDER- UND DIE RÜCKSEITE. SO KANNST DU IMMER ABWECHSELN.

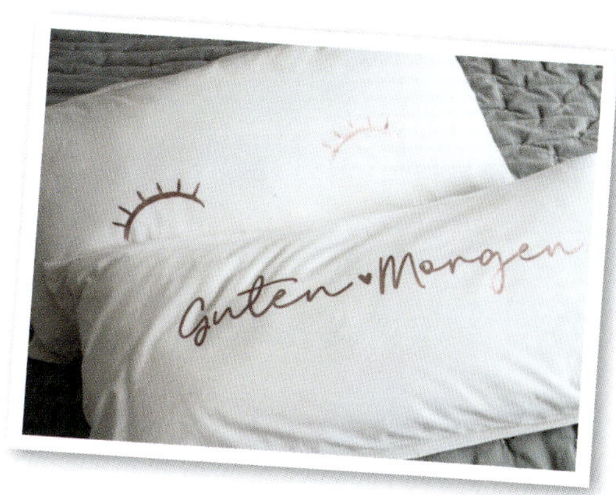


PROJEKTE FÜR FORTGESCHRITTENE

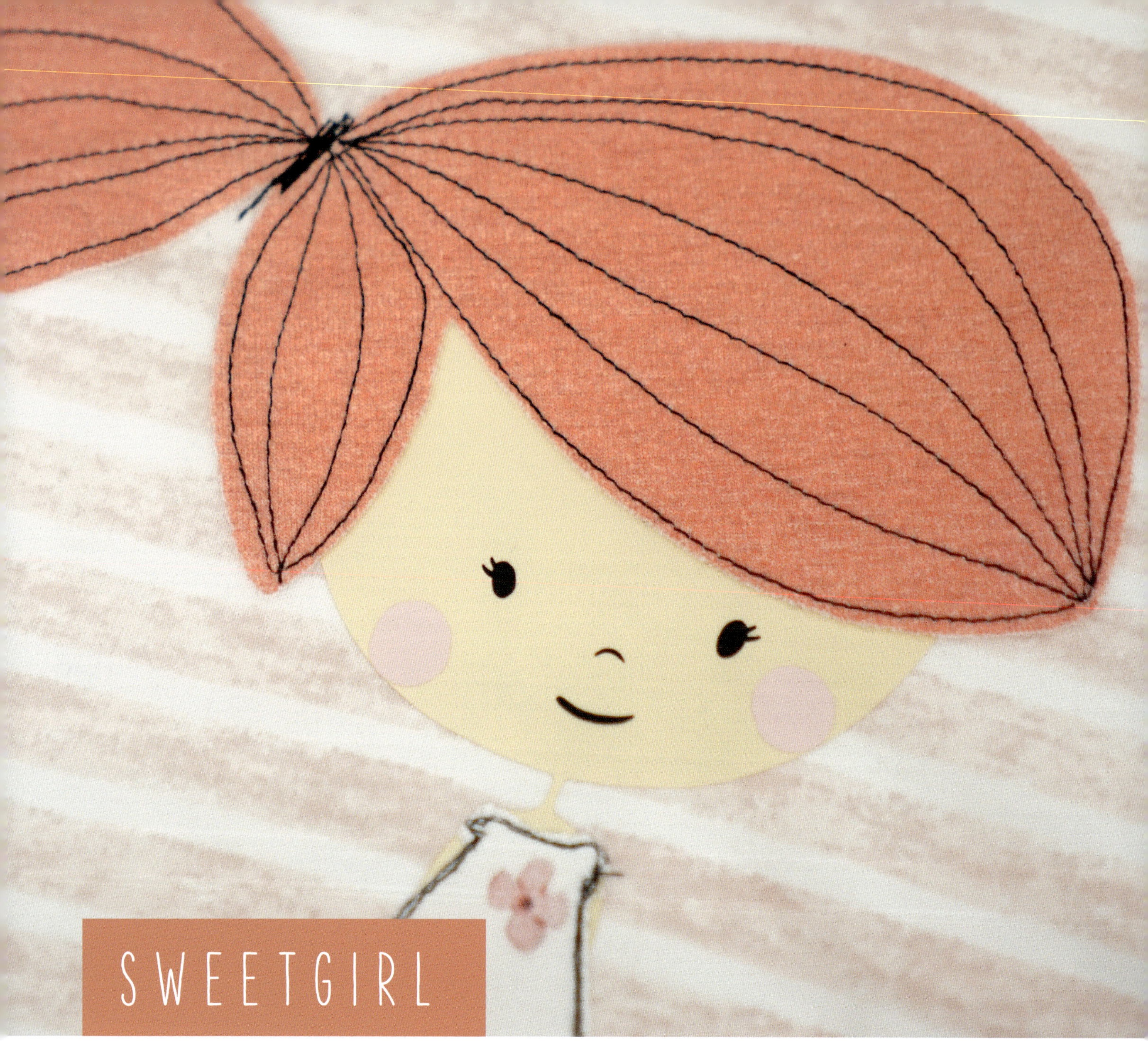

# SWEETGIRL

## STOFF SCHNEIDEN UND APPLIZIEREN

KOMBINIERE DEINEN PLOTT MIT APPLIKATIONEN AUS STOFF. DAS HAT EINEN GANZ EIGENEN CHARM UND VERBINDET ZWEI WUNDERVOLLE TECHNIKEN ZUR TEXTILVEREDLUNG.

SCHWIERIGKEIT 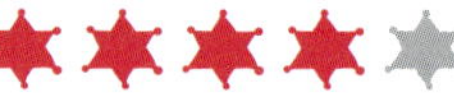

### MATERIAL

- Stoffrest in Rot und Weiß mit Muster (Jersey oder Baumwolle)
- Vliesofix
- Nähgarn
- Nähmaschine
- Thermotransferfolie in Beige, Schwarz und Rosa, ca. A4
- Entgitterwerkzeug
- Bügeleisen oder Presse

### VORLAGEN

- paulundclara_sweetgirl (1 VORLAGE)

**SCHRITT 1**

PLOTT VORBEREITEN (A–D)

Plotte Schritt 1 – 3 aus der Datei „sweetgirl" wie gewohnt aus Thermotransferfolie und entgittere sie.

Anschließend schneidest du dir den Stoff und das Vliesofix in etwa auf die Größe der Schritte 4 und 5 zurecht. Bügle dann das Vliesofix auf die Rückseite des Stoffes (A) und klebe ihn mit dem Vliesofix nach unten auf die Schneidematte (B).

Stelle dein Messer auf den vom Hersteller empfohlenen Wert für Stoffe und teste die Einstellung mit einem Testschnitt. Je nach Stoff, kann es sein, dass einzelne Fäden nicht richtig geschnitten werden. Hilf dann mit einer Schere nach.

Es gibt auch Textilhärter von verschiedenen Herstellern, die auf den Stoff gesprüht werden. Denn je stabiler der Stoff ist, desto besser kann er geschnitten werden. Meist reicht die Verstärkung mit Vliesofix aber völlig aus.

Löse die Teile nach dem Schneiden von der Schneidematte (C) und prüfe, ob die Elemente zusammenpassen, indem du sie aufeinander legst (D).

**SCHRITT 2**

PRESSEN

Presse die ersten drei Schichten hintereinander auf den Stoff auf und lass den Plott abkühlen.

**SCHRITT 3**

APPLIZIEREN (E–F)

Löse das Schutzpapier vom Vliesofix und bügle die Applikation anschließend auf das Motiv. Das geht natürlich auch mit deiner Textilpresse (E).

Wähle dann entweder ein farblich passendes Garn oder nutze, wie ich, ein schwarzes Garn für die komplette Applikation. Hiermit erreichst du einen besonders hohen Kontrast.

Nähe dann mit einem einfachen Geradestich eng am Rand der Stoffteile entlang (F). Nähe schön langsam und in den Ecken am besten mit dem Handrad. Versenke für besonders enge Kurven die Nadel und wende dann den Stoff, bevor du weiternähst. Je mehr Übung du hast, desto leichter wird es dir von der Hand gehen.

Abschließend kannst du noch die Struktur der Haare „nähmalen", indem du mehrfach hin und her nähst und immer eine andere Strecke wählst.

Für einen besonders auffälligen Look kannst du jede Naht mehrfach nachnähen.

## Tipp

Ersetze mit dieser Technik auch bei anderen Motiven Teile mit Stoff. Das funktioniert besonders gut bei Kleidern, Shirts und Haaren.

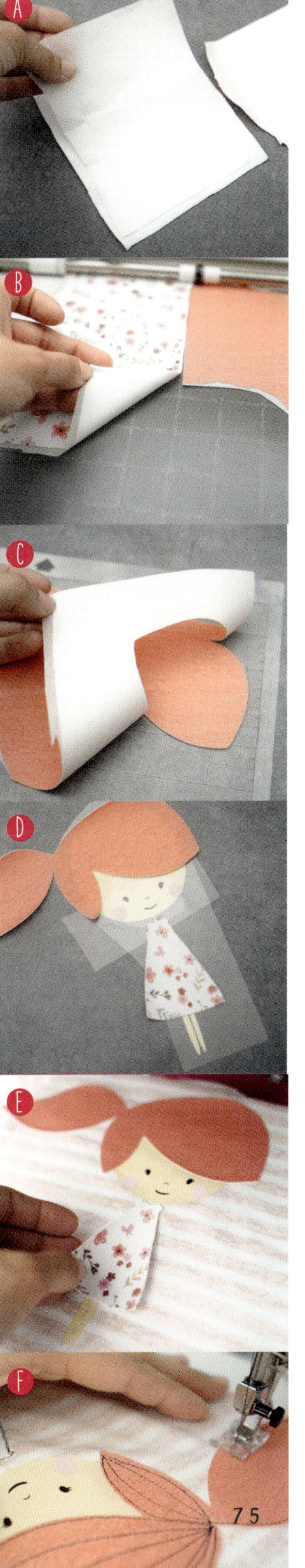

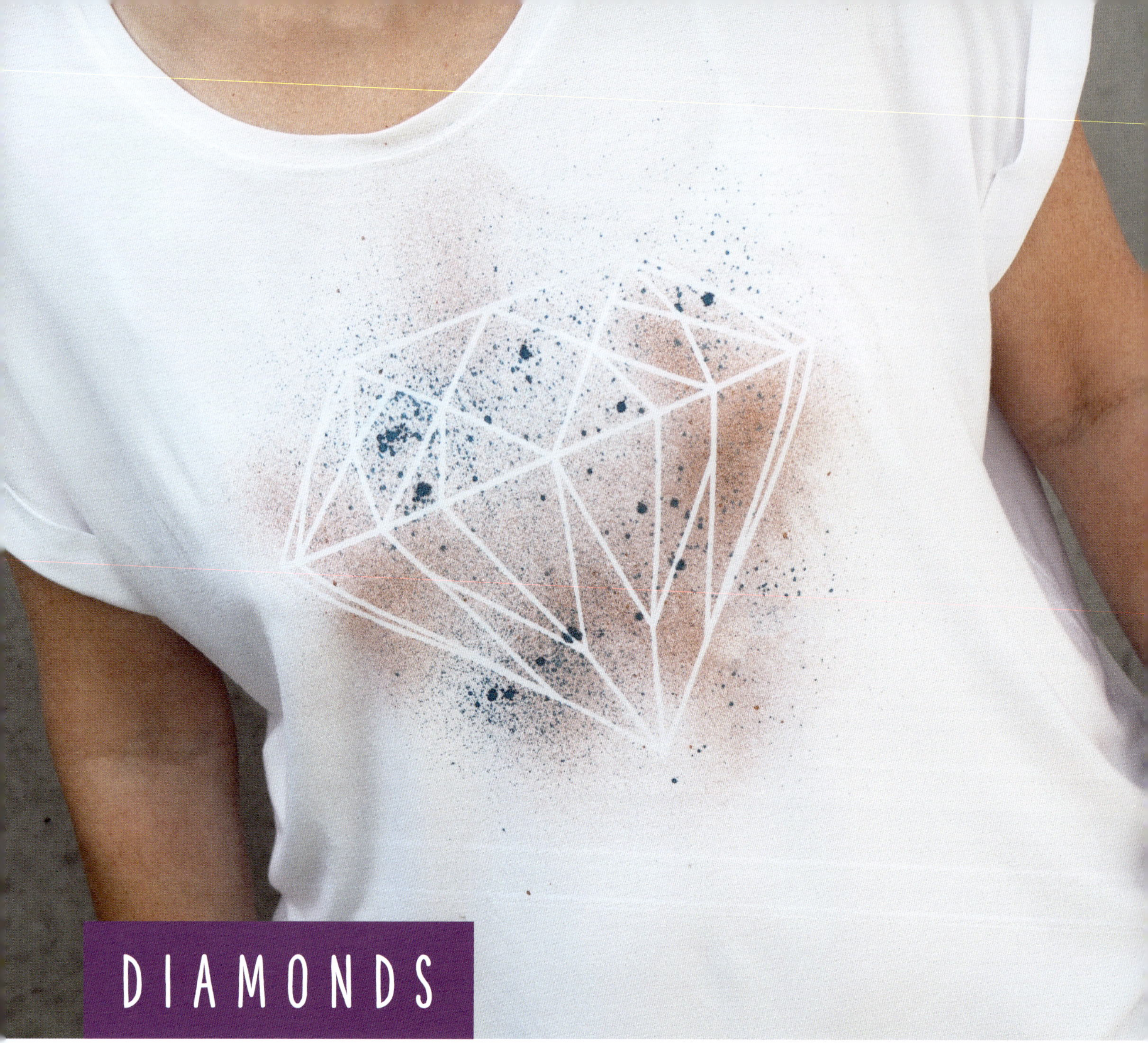

# DIAMONDS

## SCHABLONEN NEGATIV NUTZEN

NUTZE EINE SCHABLONE AUCH MAL ALS NEGATIV, UM DEIN MOTIV AUSZUSPAREN. ERZIELE SO TOLLE EFFEKTE MIT TEXTILFARBEN UND EXPERIMENTIERE MIT VERSCHIEDENEN TECHNIKEN. SO ERHÄLST DU RICHTIG TOLLE ERGEBNISSE.

SCHWIERIGKEIT 

### MATERIAL

- selbstklebendes Schablonen-Material, ca. A4
- Entgitterwerkzeug
- Pappe, ca. 30 cm x 30 cm
- Sprühtextilfarbe

### VORLAGEN

- paulundclara_diamond (1 VORLAGE)
- paulundclara_stern (1 VORLAGE)
- paulundclara_dreieck (1 VORLAGE)

**SCHRITT 1**

SCHABLONE VORBEREITEN (A)

Wähle eins der Motive aus und lade es in deine Software. Schneide das Motiv aus selbstklebendem Schablonenmaterial (z. B. von Silhouette) aus (A).

Mit welchen Einstellungen du dein Material schneidest, hängt sehr vom Hersteller ab, deswegen kann ich dir hier keine Empfehlung geben. Mache unbedingt vorab einen Testschnitt.

**SCHRITT 2**

ENTGITTERN (B)

Entlade die Schneidematte und löse die Folie ab. Diesmal nimmst du, wie bei einem normalen Plott, die äußeren Bereiche und Innenteile weg, damit nur noch das Motiv übrig bleibt (B).

**SCHRITT 3**

STOFFFARBE AUFTRAGEN (C–F)

Lege ein Stück Pappe unter den Stoff, damit die Textilfarbe nicht durchsickern kann (C). Klebe dann die Schablone auf und streiche sie gut fest (D).

Sprühe jetzt die Sprühtextilfarbe auf den Stoff (E). Experimentiere mit verschiedenen Abständen und Farben, um interessante Effekte zu erzielen. Je näher du gehst, desto intensiver werden die Flecken, mit mehr Abstand wird der Auftrag dezenter. Du kannst auch ein bisschen Farbe in eine Schüssel sprühen und mit einem Pinsel auf den Stoff spritzen, so erhältst du besonders große Tropfen.

Wichtig ist, dass du am Ende rund um die Schablone einen Farbauftrag erreichst, damit das Muster gut sichtbar wird.

Lass die Farbe kurz trocknen und zieh die Schablone dann vorsichtig ab (F). Auf der Schablone kann die Farbe noch feucht sein. Pass auf, dass du die Farbe nicht mit den Fingern auf den Stoff streichst.

Unter der Schablone ist der Stoff nicht gefärbt worden, so ist dein Motiv jetzt toll zu sehen.

Wie sieht dein Unikat aus? Ich bin schon gespannt! Teil es doch mit #paulundclara, damit ich es bewundern kann!

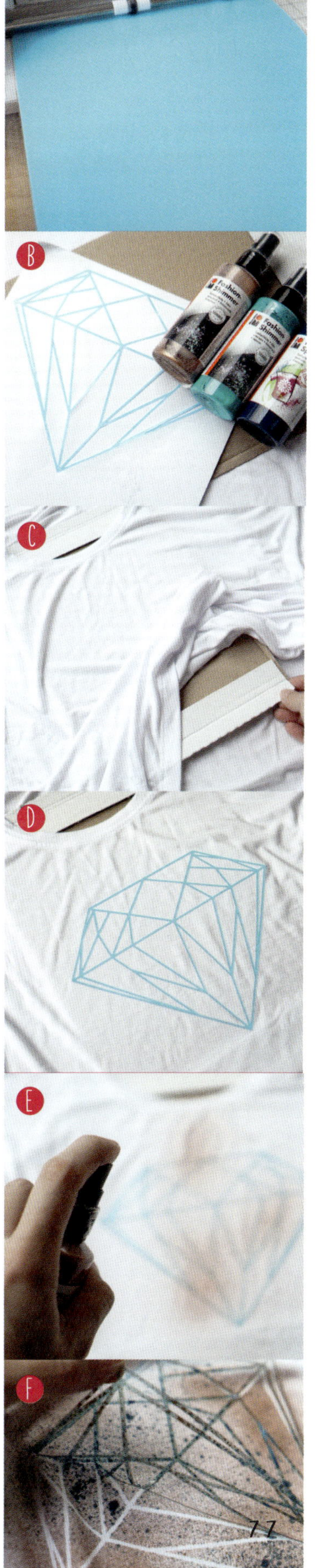

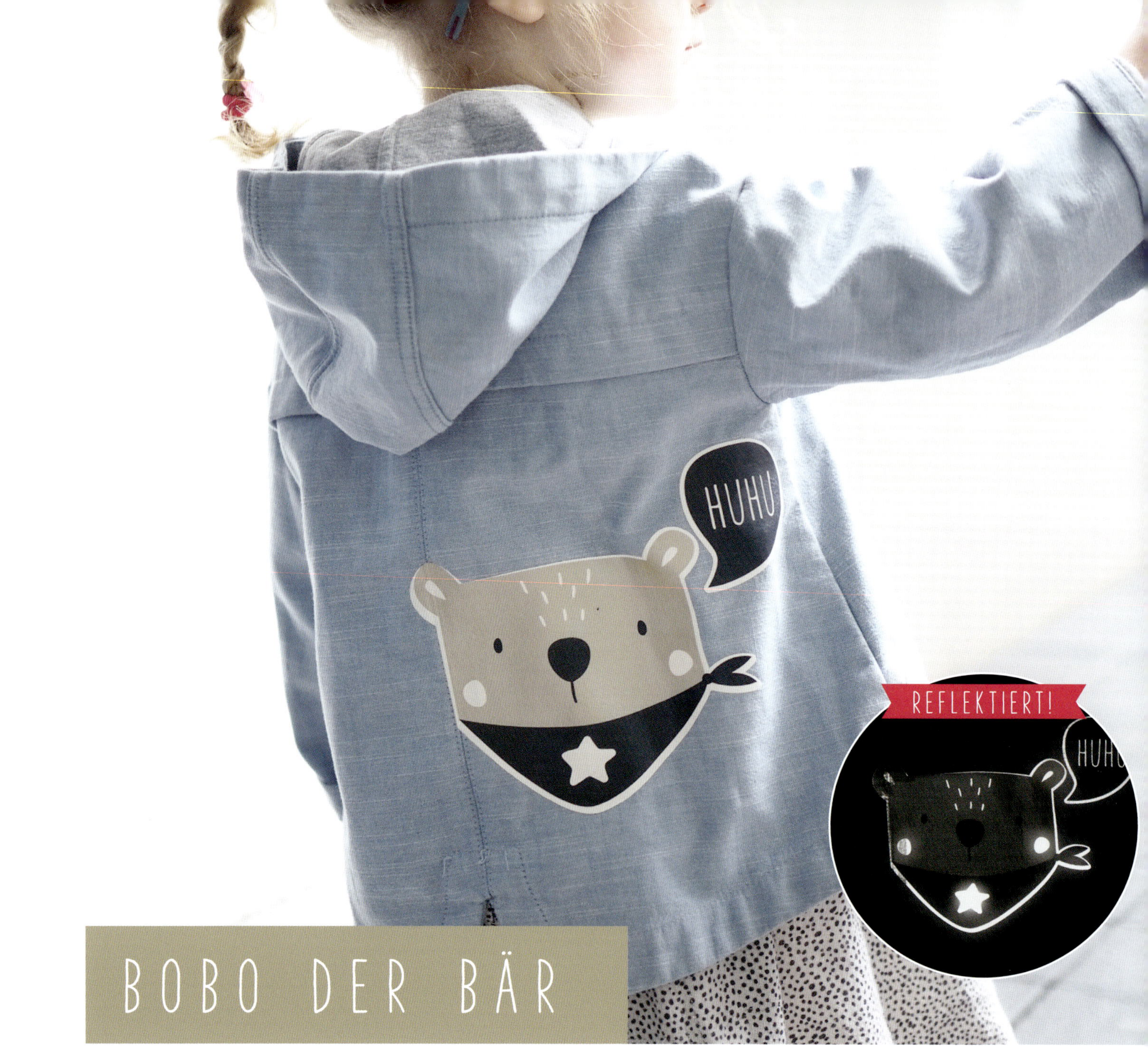

# BOBO DER BÄR

## REFLEKTORFOLIE

SCHON GEWUSST: REFLEKTORFOLIE LÄSST SICH AUCH FÜR MEHRFARBIGE MOTIVE NUTZEN. SO ERHÄLT KINDERKLEIDUNG EIN SICHERHEITSUPGRADE, DAS AM TAG EIN TOLLES MOTIV UND IN DER DÄMMERUNG EIN ECHTER EYECATCHER IST.

SCHWIERIGKEIT 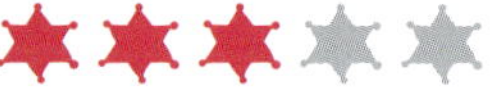

### MATERIAL

- Reflektorfolie in Weiß, ca. A4
- Flexfolie in Braun und Schwarz, ca. A4
- Entgitterwerkzeug
- Bügeleisen oder Presse

### VORLAGEN

- paulundclara_bobobaer (1 VORLAGE)
- paulundclara_achtung (1 VORLAGE)

**SCHRITT 1**

PLOTT VORBEREITEN

Reflektorfolie ist eine etwas dickere Folie, ohne rückklebenden Träger. Dadurch ist sie nicht für filigrane Schnitte geeignet und muss vorsichtig entgittert werden, da einmal gelöste Teile nicht zurückgeklebt werden können.

Sie wird ähnlich wie Flexfolie geschnitten, benötigt aber eine höhere Messereinstellung. Taste dich mit dem Testschnitt heran.

Plotte dann die erste Schicht aus der weißen Reflektorfolie und danach die weiteren Schichten aus Flexfolie in den Farben deiner Wahl.

**SCHRITT 2**

ENTGITTERN (A–B)

Entgittere die Schichten (A) und lege abschließend noch alle Folien aufeinander (B). So siehst du gleich, ob die Schichten passen.

**SCHRITT 3**

PRESSEN (C–E)

Presse als unterste Schicht die Reflektorfolie gemäß der Herstellerangaben (C). Achte darauf, dass du nur so kurz wie möglich presst, damit die Folie nicht schrumpft.

Nun folgen die weiteren Schichten in der vorgegeben Reihenfolge (D). Durch die Aussparungen ist die Reflektorfolie immer wieder zu sehen und wird später auch reflektieren.

Presse den Plott abschließend noch einmal, damit Druckstellen vom Überlagern ausgeglichen werden.

Und fertig! Jetzt nur noch auf die Dämmerung warten!

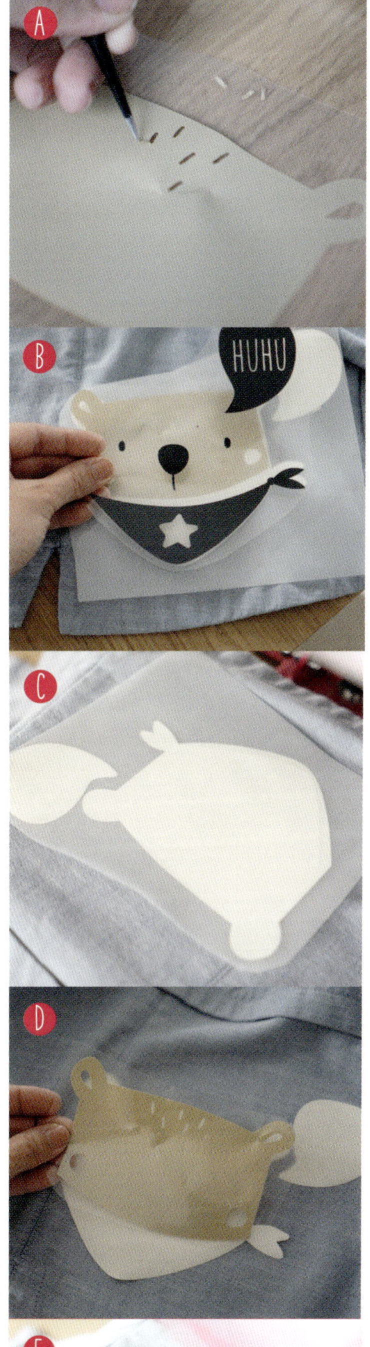


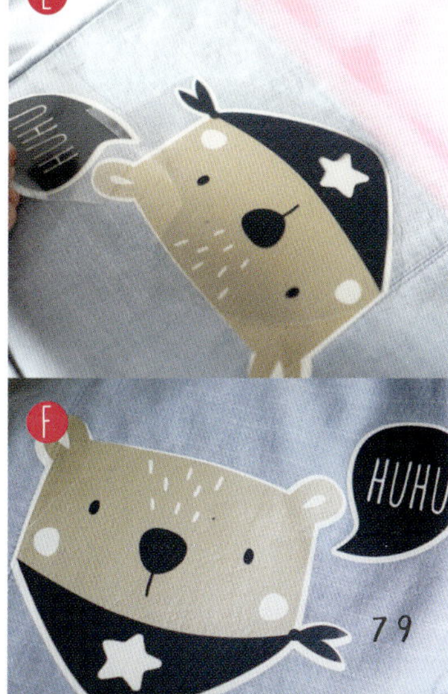

# Offset erstellen

Besonders für unruhige Stoffe und bei filigranen Motiven ist ein Offset als Hintergrund zu deinem Plott eine tolle Lösung. Du erstellst hierbei eine Umrandung von deinem Motiv, die ein klein wenig größer als dieses ist.

Je nachdem mit welcher Software du arbeitest, ist die Vorgehensweise unterschiedlich.

## Silhouette Studio

Nutze das Vorschaumotiv und wähle alles mit dem Auswahlwerkzeug aus, indem du mit der gedrückten linken Maustaste über dein Motiv fährst.

Wähle jetzt in der Werkzeugleiste „Offset" aus und klicke auf „Offset" im ersten Feld. Nun kannst du mit der Einstellung „Strecke" die Dicke der Kontur wählen. Je höher der Wert ist, desto größer ist der Hintergrund später.

Nun löschst du die inneren Teile aus deinem Offset. Dadurch erhältst du eine geschlossene Fläche ohne Innenteile.

Plotte den Hintergrund und presse ihn als Erstes auf. Danach folgt einfach der jeweilige Plott.

Besonders bei Schriften erhältst du so einen tollen Effekt und hebst sie hervor.

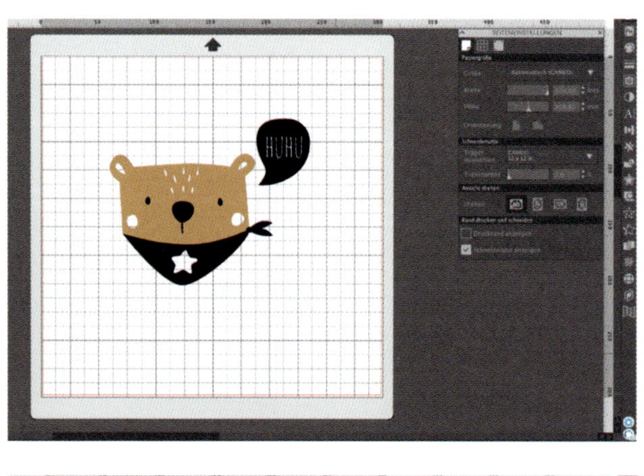


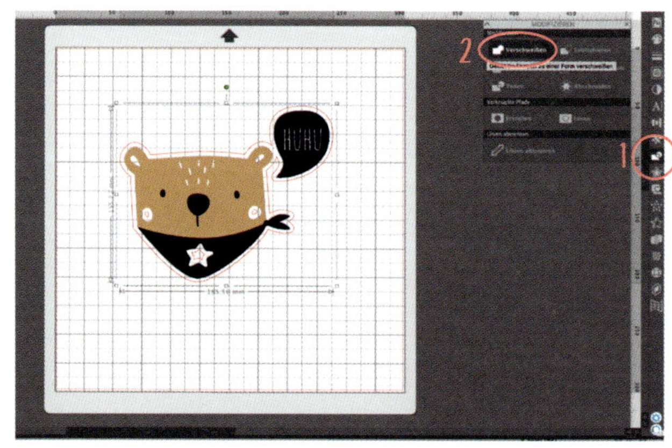


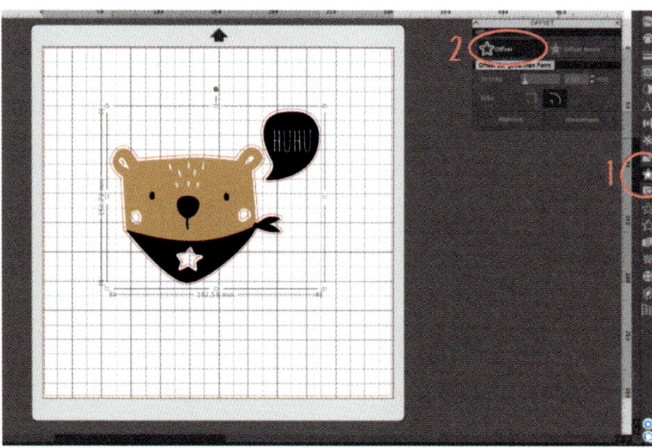


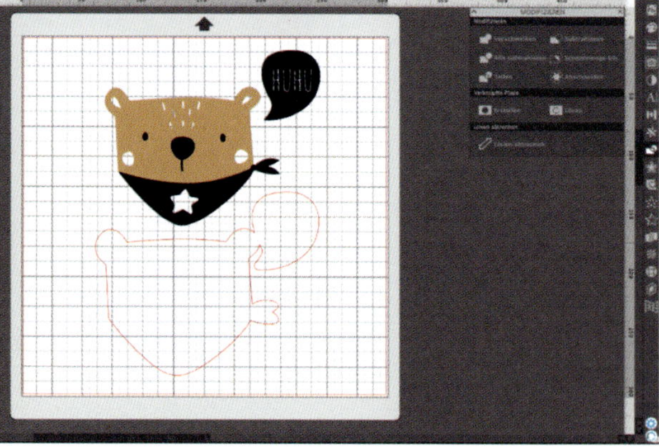

# brother canvas

Wähle mit dem Auswahlwerkzeug das Element aus. Wenn du mehrere Elemente auswählst, weil z. B. ein zweites Element über die Grundform ragt, kannst du beide Elemente auswählen und vorab verschweißen, sodass du nur noch ein Element hast.

Als Nächstes wählst du rechter Maustaste – „Versatzlinie erzeugen…“ aus. Jetzt kannst du mit den verschiedenen Einstellungen bestimmen, wie groß dein Offset werden soll – „Abstand“ – und auch ob die ursprüngliche Kontur erhalten bleiben soll – „Optionen“.

Belasse in diesem Fall die innere Form, da du sie später noch brauchst und erstelle den Offset.

Anschließend plottest du den Offset einfach als weiteren Schritt in deiner gewünschten Farbe und presst ihn als erste Schicht auf.

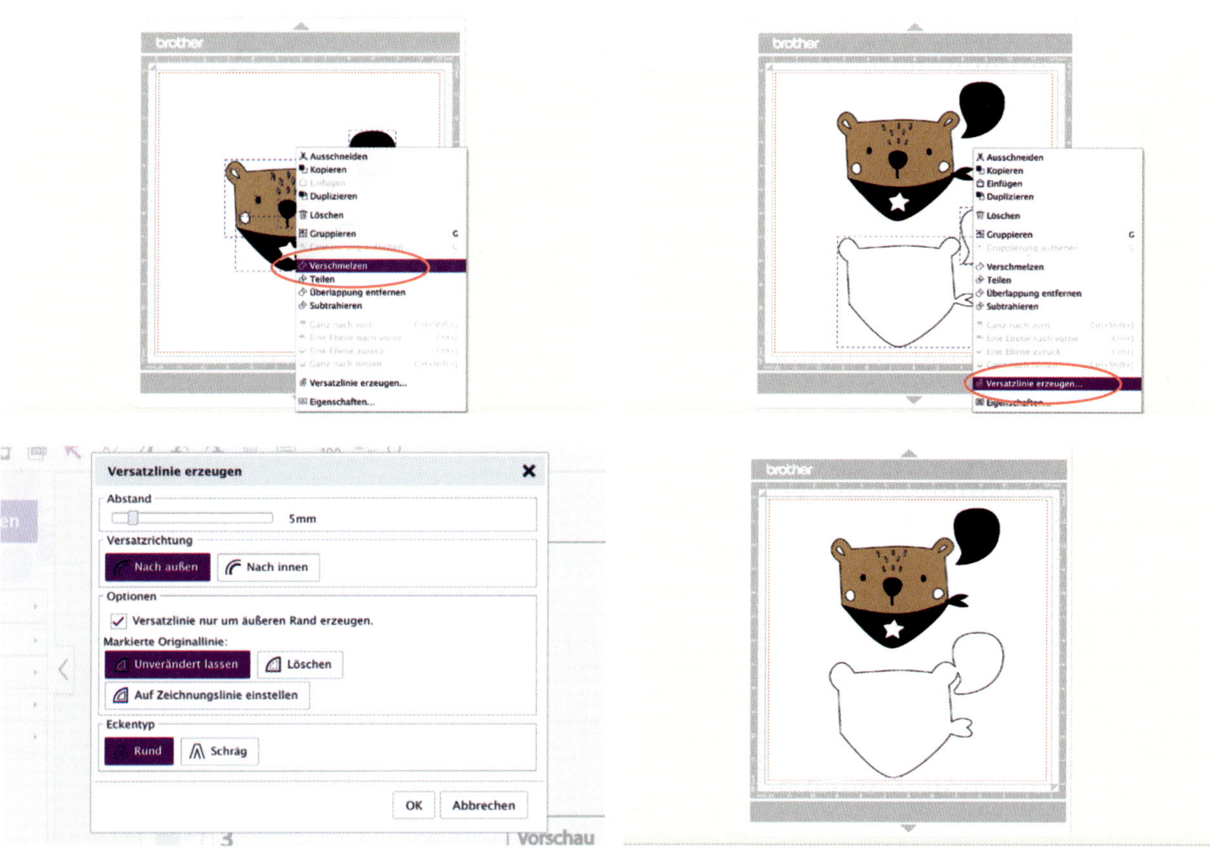


Besonders komplexe Formen mit offenen Kanten oder gekreuzten Linien, kann Canvas leider nicht verarbeiten. Diese musst du in einer anderen Grafiksoftware, wie Inkscape, vorab bearbeiten und dein Offset dann als SVG importieren.

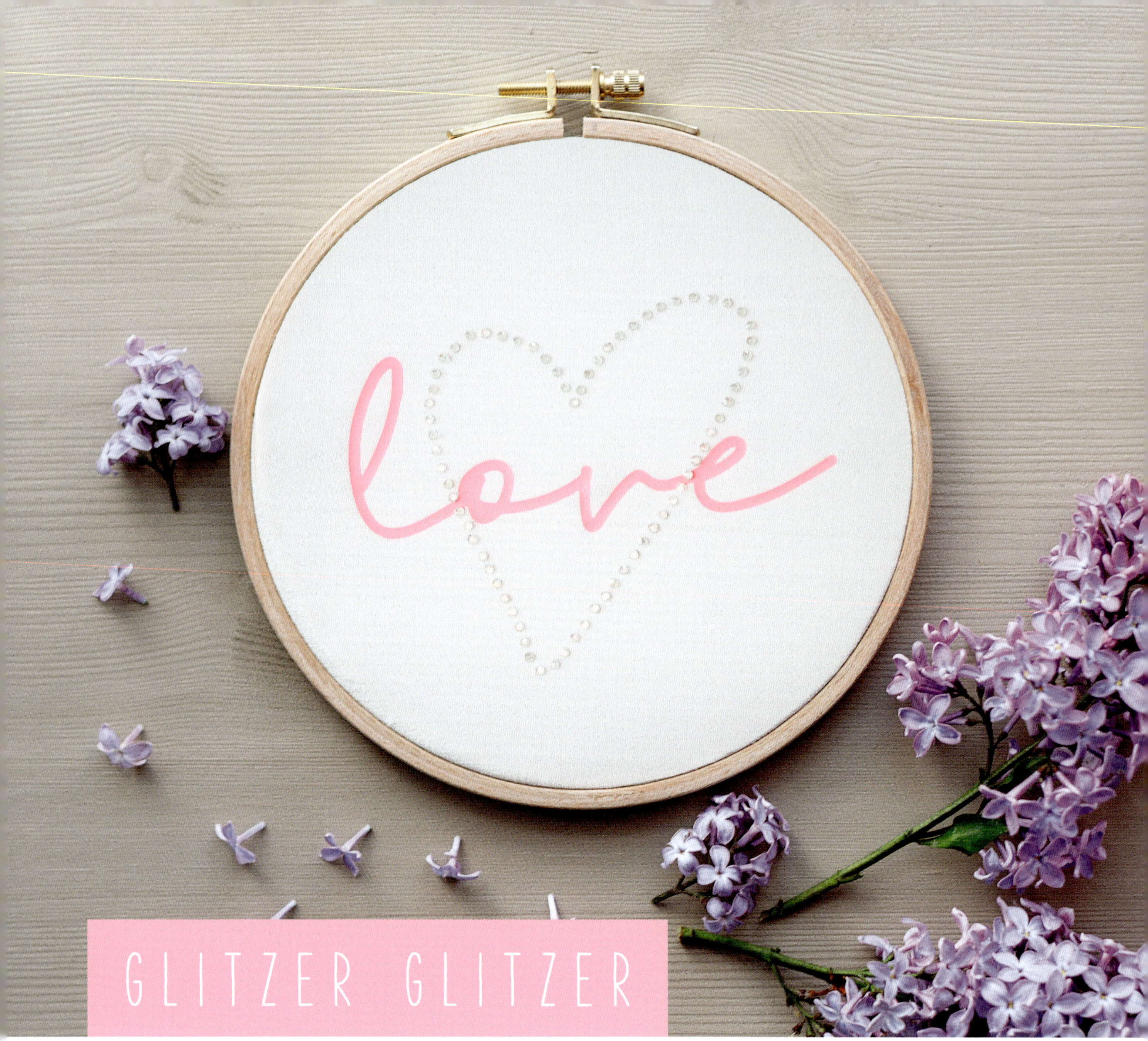

# GLITZER GLITZER

## STRASSSTEINE APPLIZIEREN

BRAUCHST DU EINE EXTRA PORTION GLITZER? MIT STRASSSTEINCHEN KANNST DU DEINEN PROJEKTEN EINE GROSSE PORTION EXTRA GLANZ VERLEIHEN. DANK DEINEM PLOTTER IST DAS GANZ EASY.

SCHWIERIGKEIT 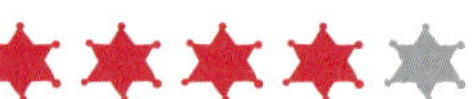

### MATERIAL

- Strass Schablonen Set z. B. von Silhouette inkl. Schablonenmaterial und hitzebeständiger Transferfolie
- fester Karton, ca. A4
- ca. 200 aufbügelbare Strasssteine
- Entgitterwerkzeug
- Bügeleisen oder Presse

### VORLAGEN

- paulundclara_strass (4 VORLAGEN)

**SCHRITT 1**

PLOTT VORBEREITEN

Öffne die Vorlage „strass“ in deiner Software und wähle eins der Motive aus. Ich entscheide mich für das „love“ mit dem Herz aus Strass. Lösche alles andere aus der Datei und skaliere alle Elemente auf deine gewünschte Größe.

**SCHRITT 2**

SCHRIFTZUG PLOTTEN (A–B)

Plotte zuerst den Schriftzug aus Flexfolie und entgittere ihn (A). Presse ihn anschließend auf den Stoff, entferne die Trägerfolie (B) und lass den Plott gut abkühlen.

**SCHRITT 3**

SCHABLONE PLOTTEN (C–D)

Klebe das Schablonenmaterial auf deine Schneidematte und lade sie. Richte dich bei den Messereinstellungen nach den Herstellerangaben, mach aber vorab einen Testschnitt. Ich nutze das Material von Silhouette. Plotte nun die Vorlage für die Strasssteine (C).

Entlade die Schneidematte und löse die Schablone. Löse eine Ecke der Schablone vom Träger und zieh sie ab (D). Hierbei bleiben die Löcher meist direkt haften. Sollte ein Loch noch gefüllt sein, entfernst du den Kreis mit deinem Entgitterwerkzeug.

**SCHRITT 4**

STRASSSTEINE APPLIZIEREN (E–F)

Klebe die Schablone auf den Untergrundkarton. Schütte die Strasssteine auf die Schablone und streiche die Steine in die Löcher. Liegen sie richtigherum, bleiben sie in den Vertiefungen liegen (E). Sollten einzelne Löcher noch frei sein, kannst du sie mit einer Pinzette füllen.

Klebe die hitzebeständige Transferfolie auf die Steine und streiche sie gut fest. Zieh sie dann wieder ab und klebe sie mit den Steinen auf deinen bereits gepressten Schriftzug (F).

Bügle die Strasssteine gemäß der Herstellerangaben fest und entferne die Transferfolie.

Spanne den Stoff danach z. B. in einen Stickrahmen und nutzen ihn als Wanddekoration.

## Tipp

Statt dem Schablonenmaterial, kannst du auch Vinylfolie nutzen. Sie ist aber nicht so dick, wodurch die Steine nicht so gut in den Vertiefungen liegen bleiben.

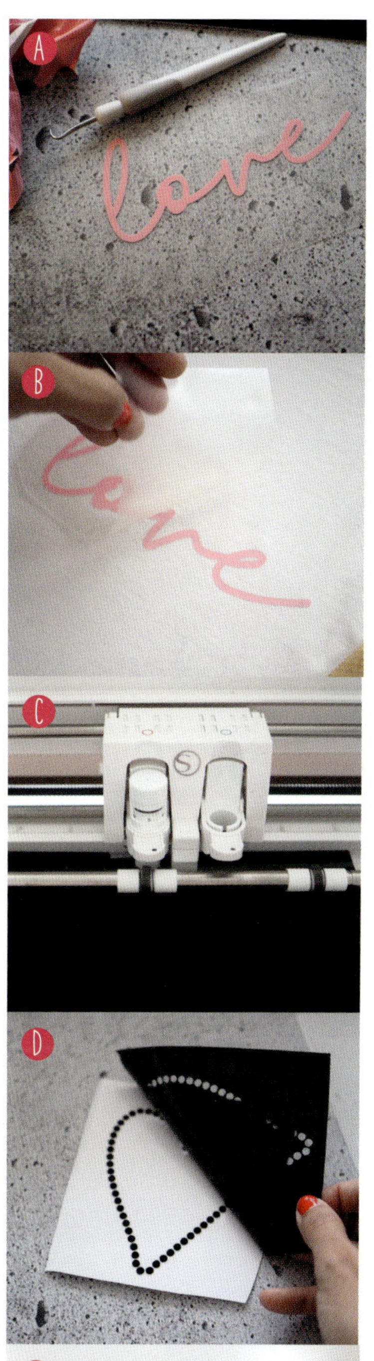


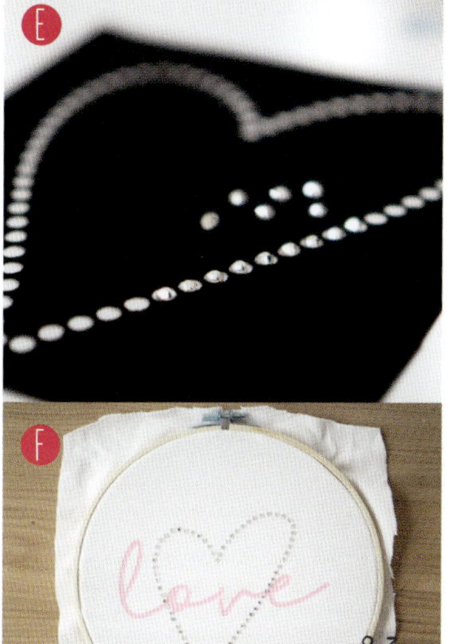

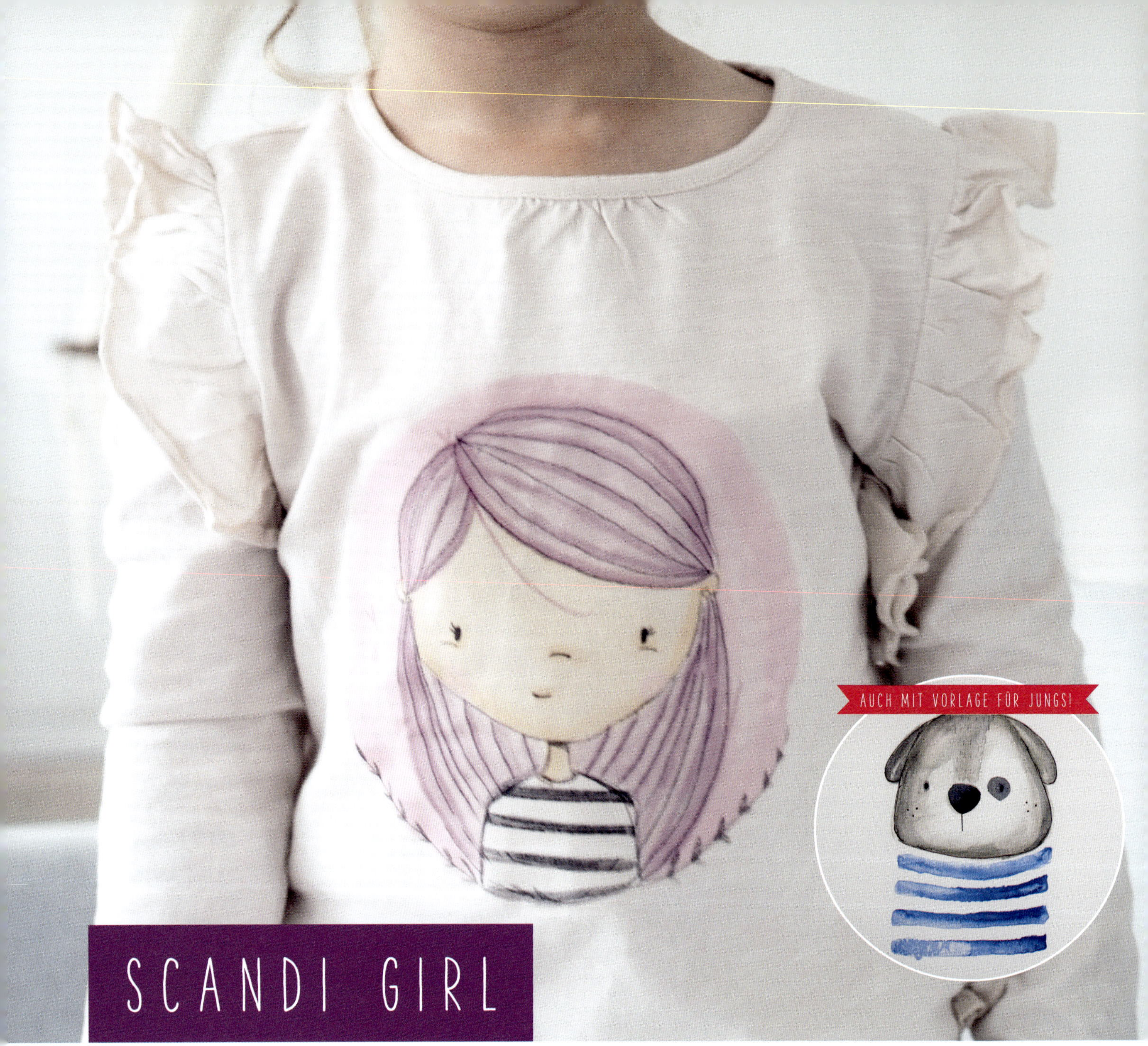

# SCANDI GIRL

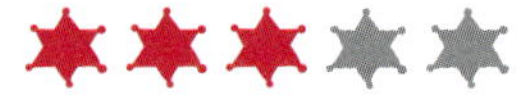


## BEDRUCKBARE FLEXFOLIE

HAST DU EIN SELBSTGEZEICHNETES MOTIV ODER FOTO, DAS DU GERNE AUF EINEM SHIRT VEREWIGEN MÖCHTEST? DANN TESTE UNBEDINGT BEDRUCKBARE FLEXFOLIE! DANK PRINT & CUT SCHNEIDEST DU SIE DANACH PASSGENAU AUS.

SCHWIERIGKEIT ★★★☆☆

### MATERIAL

- bedruckbare Flexfolie, A4
- Entgitterwerkzeug
- Bügeleisen oder Presse

### VORLAGEN

- paulundclara_scandigirl (1 VORLAGE)
- paulundclara_hund (1 VORLAGE)

## SCHRITT 1

### FOLIE BEDRUCKEN (A)

Öffne eines der beiden Motive und skaliere es auf deine gewünschte Größe. Wähle je nach späterem Untergrund eine bedruckbare Flexfolie für helle oder dunkle Textilien aus und lege sie in deinen Drucker ein. Achte darauf, die passende Folie für deinen Drucker auszuwählen. Es gibt spezielle Folien für Laser- und Tintenstrahldrucker.

Ich nutze für dieses Tutorial die bedruckbaren Folien von happyfabric.de.

Wenn du einen Silhouette Plotter nutzt und keine PixScan-Matte hast, drucke über Silhouette Studio die Marken mit auf die Folie. Wenn du eine PixScan-Matte hast oder mit einem Brother ScanNCut arbeitest, reicht es, nur das Bild zu drucken (A).

## SCHRITT 2

### SCANNEN (B)

Scanne den Ausdruck indem du bei Silhouette ein Foto deiner Matte machst (B) oder beim Brother ScanNCut die Matte mit deinem Plotter scannst. Öffne dann die Seite in deiner Software. Nun kannst du entweder die Schneidelinien verwenden, die ich bereits für dich vorbereitet habe (du findest sie ebenfalls in den Dateien) und auf dein Motiv legen oder eigene Schneidelinien mithilfe deiner Software erstellen. Hierfür benötigst du etwas Fingerspitzengefühl und Erfahrung mit den Einstellungen. Probiere es aber auf jeden Fall aus, denn Übung macht den Meister.

Setze einen kleinen Offset um das Motiv, dadurch ist die Schnittlinie weniger filigran und leichter zu plotten.

## SCHRITT 3

### PLOTT VORBEREITEN (C–D)

Schneide das Motiv nun anhand der Schneidelinien aus (C). Nutze die empfohlenen Schnitteinstellungen, sichere dich aber wieder mit einem Testschnitt ab.

Entgittere anschließend dein Motiv, indem du alle äußeren Flächen entfernst (D).

## SCHRITT 4

### PRESSEN (E–F)

Lege die Folie mit der Bildseite nach unten auf dein Textil und presse sie entsprechend den Herstellerangaben (E). Ziehe nach dem Abkühlen den Träger ab (F).

Fertig! Dein Bild haftet nun sicher auf dem Stoff.

## Tipp

Du kannst auch Fotos oder selbst gezeichnete Bilder auf die bedruckbare Flexfolie drucken. Es gibt unendlich viele Möglichkeiten!

Beachte: Leider ist bedruckbare Flexfolie meist nicht so haltbar wie klassische Flexfolie. Sie fängt nach ein paar Wäschen oft an zu brechen.

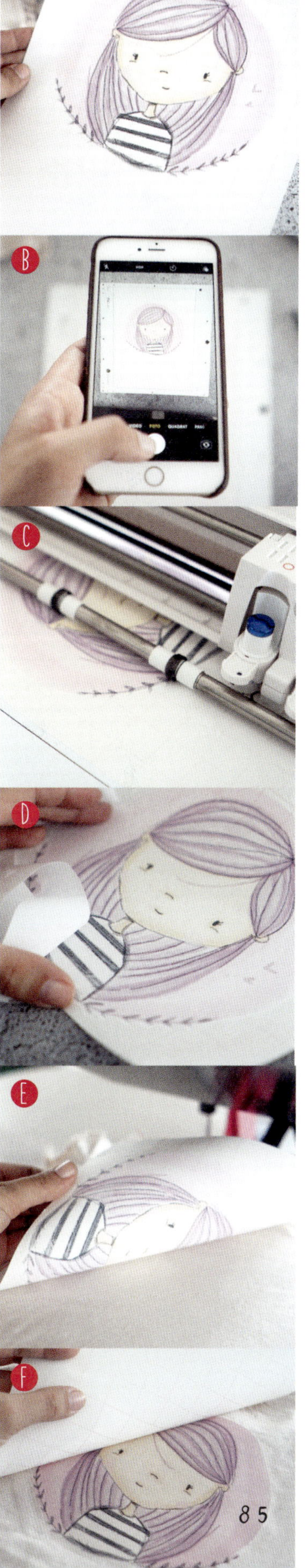

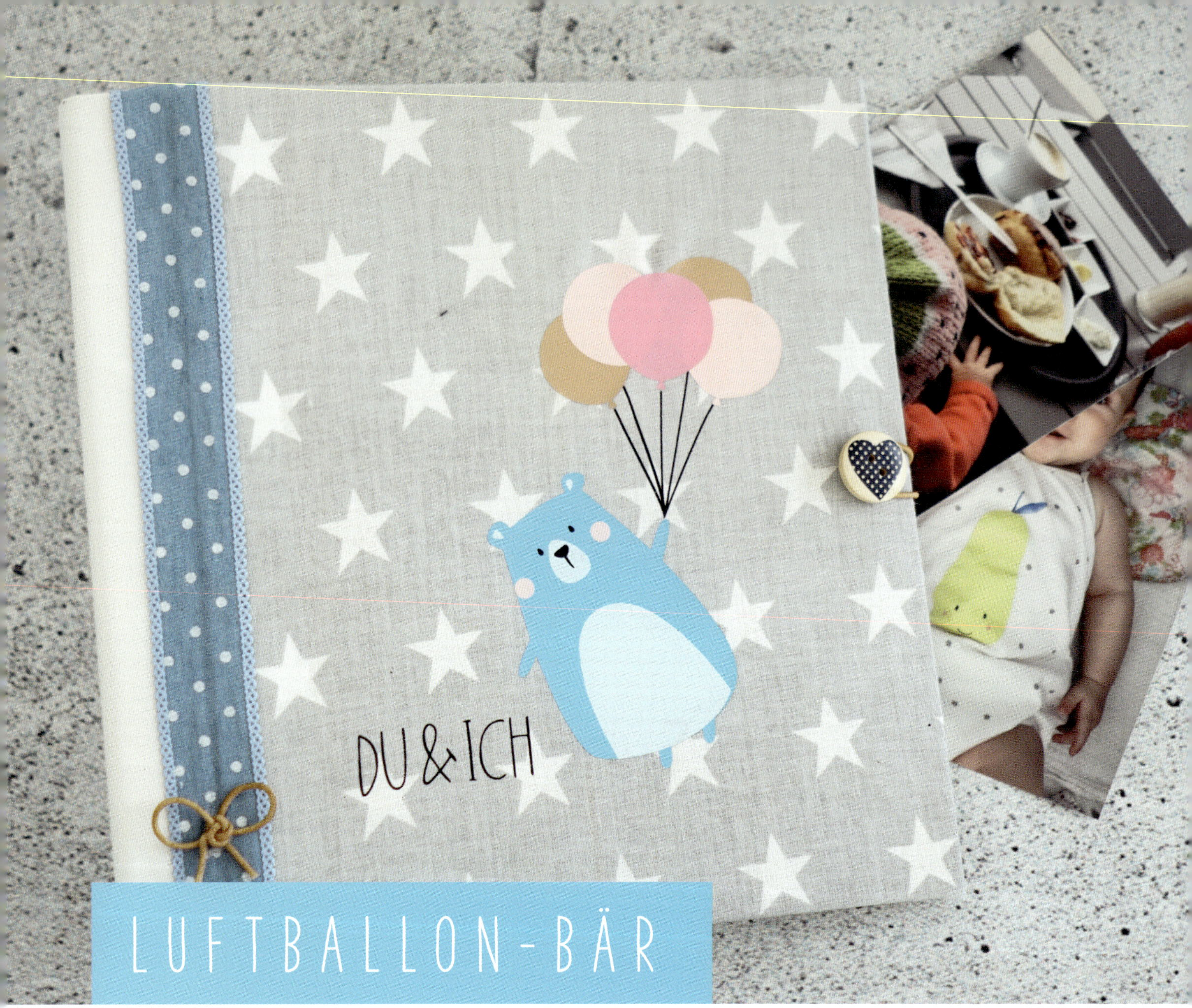

# LUFTBALLON-BÄR

## FOTOALBUM MIT STOFF GESTALTEN

MIT STOFF KANNST DU MEHR ALS NUR NÄHEN. GESTALTE DIR DOCH MAL EIN FOTOALBUM MIT EINEM STOFFBEZUG. UND DAS BESTE: DEN STOFF KANNST DU GLEICH AUCH NOCH BEPLOTTEN. WIE WÄRE ES Z.B. MIT EINEM SÜẞEN ALBUM FÜR KINDHEITSERINNERUNGEN?

SCHWIERIGKEIT 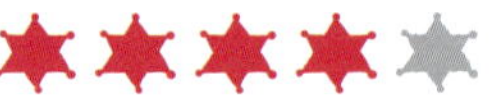

### MATERIAL

- Fotoalbum
- Baumwollstoff in Hellgrau, Albumgröße + 3 cm
- evtl. Dekobänder, Knöpfe, Schleifen
- Heißklebepistole
- Flexfolie in Blau, Hellbau, Rosa, Schwarz, Rosé und Braun, ca. A4
- Entgitterwerkzeug
- Bügeleisen oder Presse

### VORLAGEN

- paulundclara_luftballonbaer (1 VORLAGE)
- paulundclara_wolke (1 VORLAGE)

**SCHRITT 1**

PLOTT VORBEREITEN (A)

Plotte das Motiv aus dem Material deiner Wahl (A) und lege es beiseite.

**SCHRITT 2**

STOFF VORBEREITEN (B–C)

Lege das Fotoalbum auf den Stoff und zeichne eine Schnittlinie mit 3 cm Versatz auf den Stoff auf (B). Markiere zusätzlich jede Ecke genau am Rand.

Schneide den Stoff entsprechend der Linie zu. An den Ecken schneidest du den Stoff bis zur Markierung ein (C).

**SCHRITT 3**

PRESSEN

Presse das Motiv jetzt auf den Stoff, wie du es bereits gelernt hast (D). Ich ergänze noch zusätzlich einen der Texte.

**SCHRITT 4**

ALBUM MIT STOFF BEZIEHEN

Heize die Heißklebepistole auf. Lege den Stoff auf das Album, klappe den Stoff um und klebe ihn am Rand entlang fest (E).

Klappe den Stoff an den Rändern nach innen und klappe ihn nochmal nach Innen um, bevor du ihn mit dem Kleber fixierst. Achte darauf, etwas Spannung aufzubauen, damit sich auf der Vorderseite keine Falten bilden.

An den Ecken klappst du den Stoff entlang des diagonalen Schnittes ebenfalls nach innen und fixierst dann auch alles mit Heißkleber (F).

Fertig ist dein individuelles Fotoalbum.

## Tipp

Ergänze noch weitere Details wie Dekobänder, Schleifen oder Knöpfe und mach dein Fotoalbum zu etwas Einzigartigem.

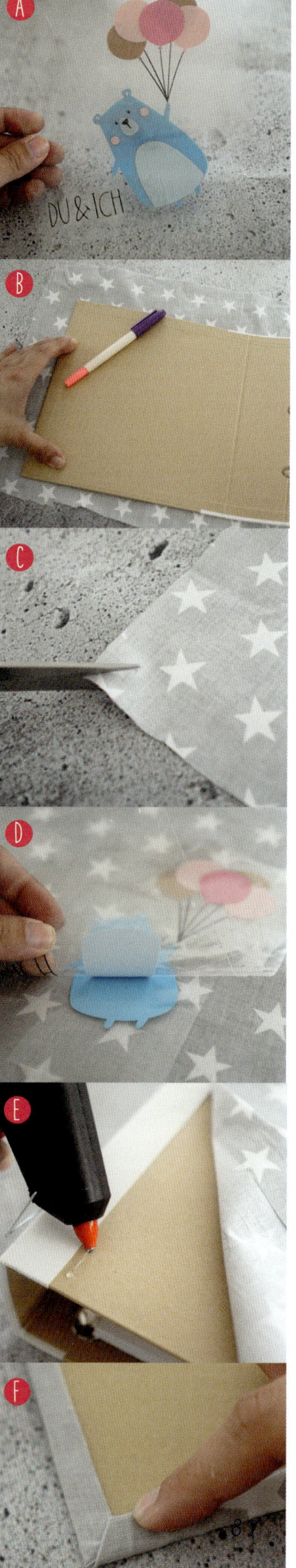

# Übersicht

## DIE ENTHALTENEN ÜBUNGSDATEIEN

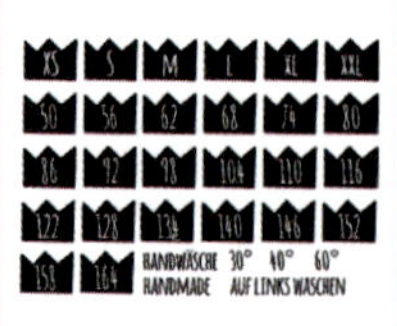

Seite 28
paulundclara_groessenlabel

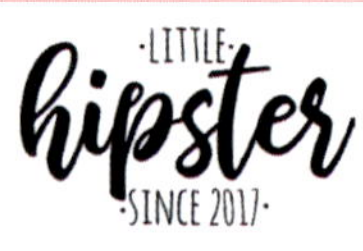


Seite 30
paulundclara_littlehipster

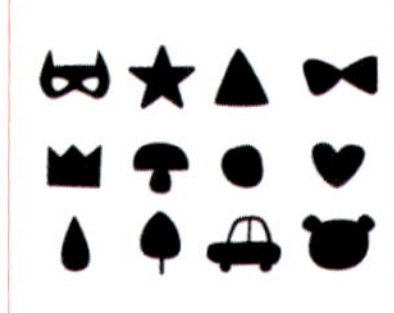

Seite 32
paulundclara_mirco

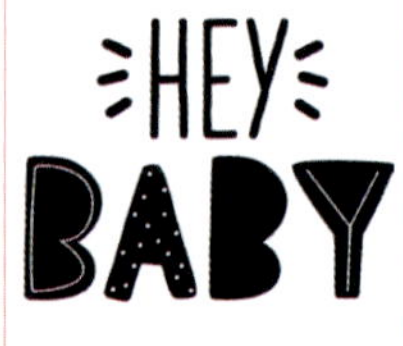


Seite 34
paulundclara_heybaby

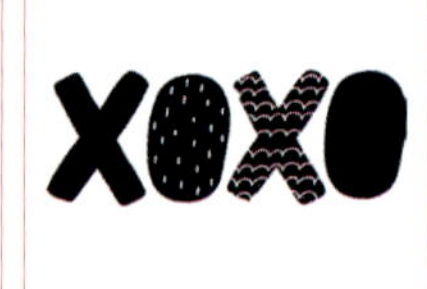


Seite 34
paulundclara_xoxo

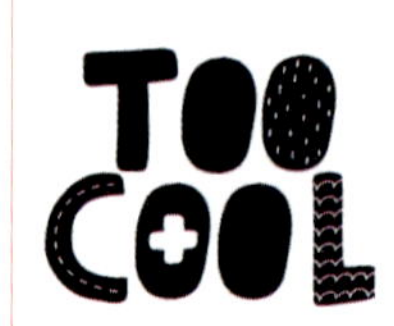


Seite 34
paulundclara_toocool

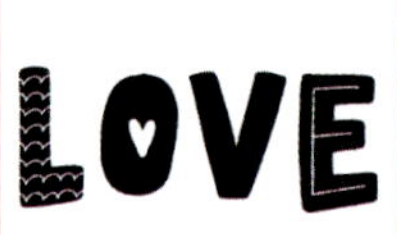


Seite 34
paulundclara_love

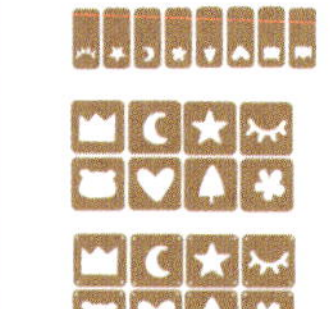
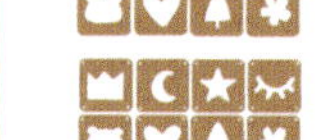

Seite 36
paulundclara_kunstlabel

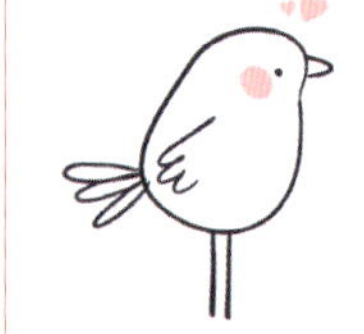

Seite 38
paulundclara_birdy

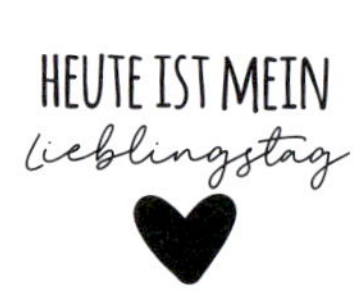


Seite 40
paulundclara_lieblingstag

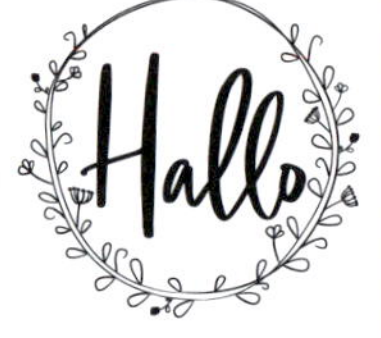


Seite 40
paulundclara_hallo

Seite 40
paulundclara_jetzt

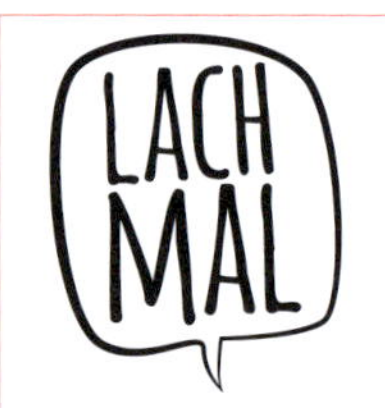


Seite 40
paulundclara_lachmal

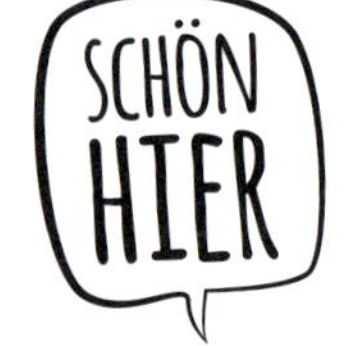


Seite 40
paulundclara_schoenhier

Seite 44
paulundclara_kaktus1

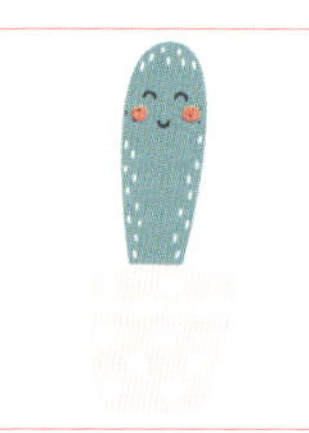

Seite 44
paulundclara_kaktus2

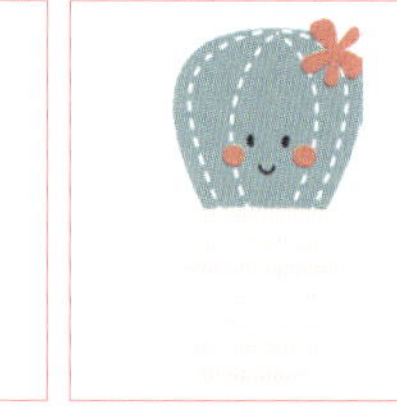

Seite 44
paulundclara_kaktus3

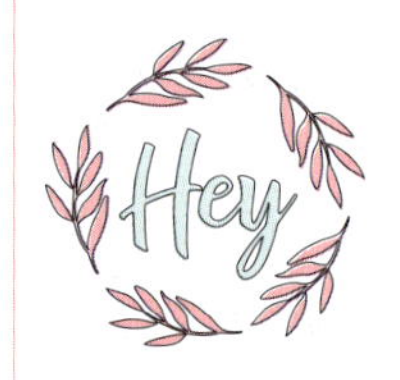


Seite 46
paulundclara_hey

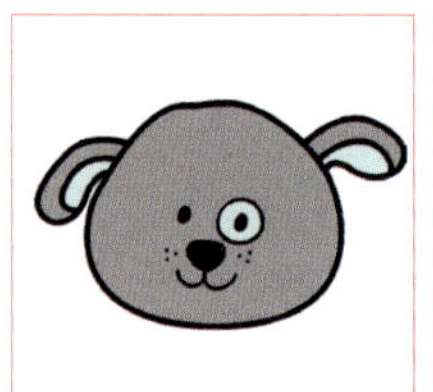

Seite 48
paulundclara_wauwau_kopf

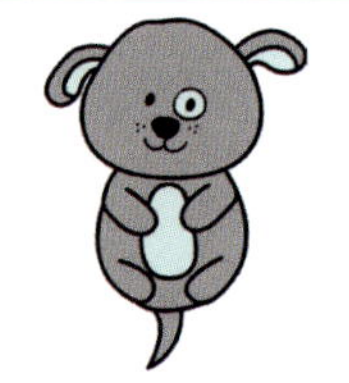

Seite 48
paulundclara_wauwau

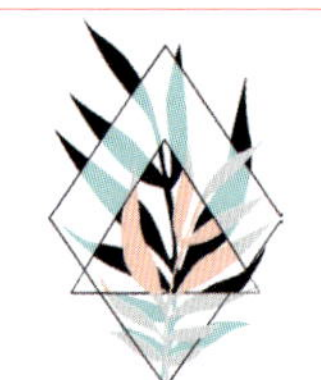

Seite 50
paulundclara_modernpalm

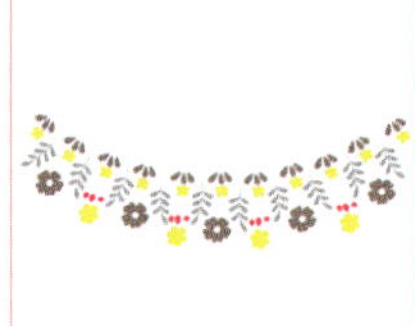

Seite 54
paulundclara_bohoblumen1

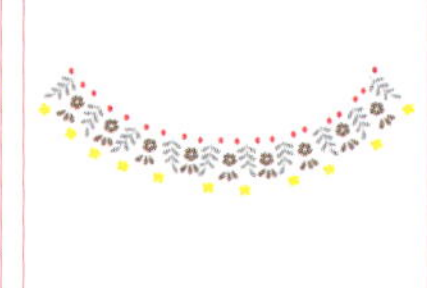

Seite 54
paulundclara_bohoblumen2

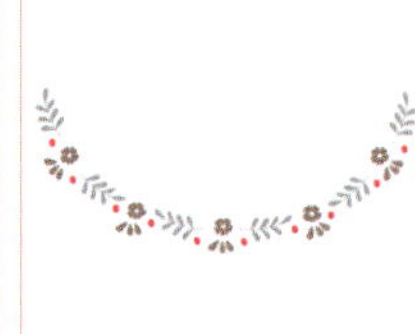

Seite 54
paulundclara_bohoblumen3

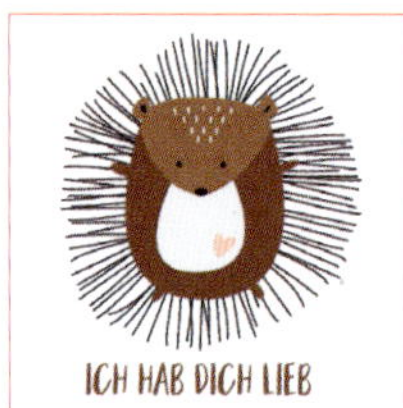


Seite 58
paulundclara_igel

Seite 60
paulundclara_gespenst

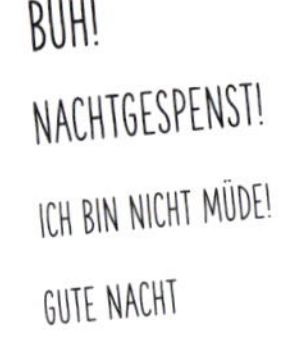


Seite 60, 4 Motive
paulundclara_gespensttexte

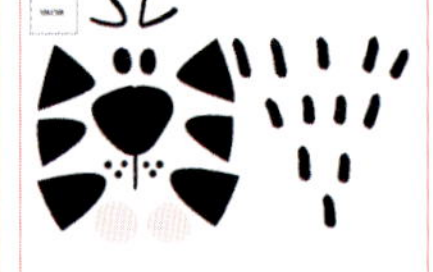

Seite 62
paulundclara_tierkissen

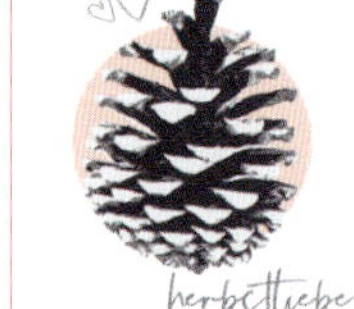


Seite 66
paulundclara_herstliebe

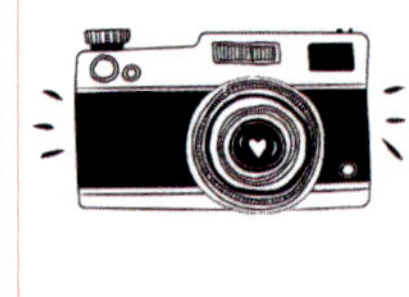

Seite 68
paulundclara_vintagecamera

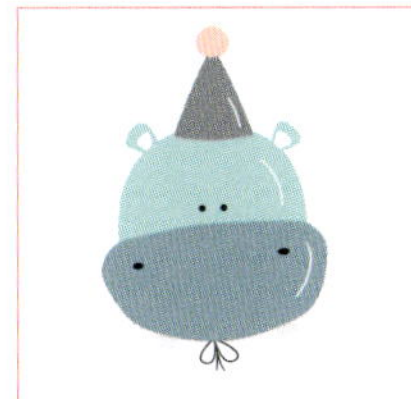

Seite 70

paulundclara_nilsnilpferd

Seite 72

paulundclara_kissen

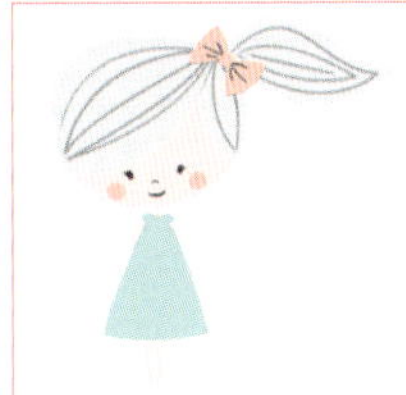

Seite 74

paulundclara_sweetgirl

Seite 76

paulundclara_diamond

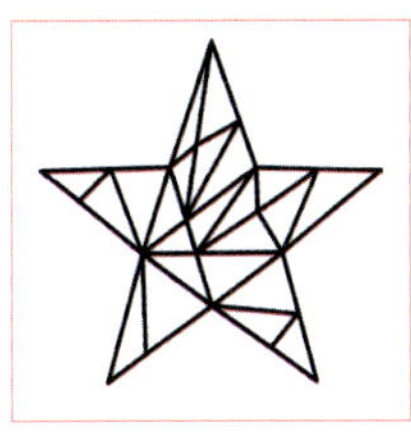

Seite 76

paulundclara_stern

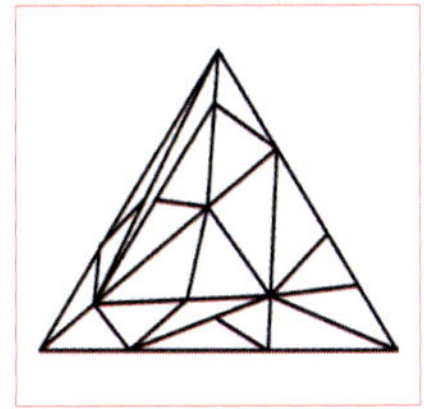

Seite 76

paulundclara_dreieck

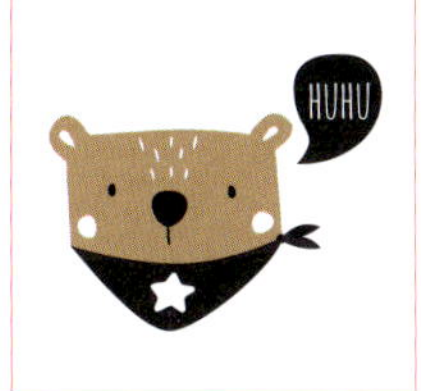


Seite 78

paulundclara_bobobaer

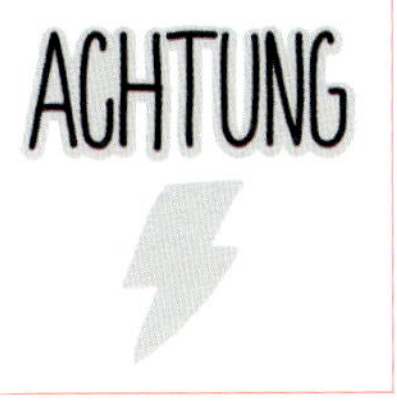


Seite 78

paulundclara_achtung

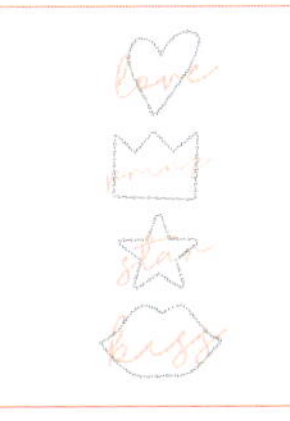

Seite 82, 4 Motive

paulundclara_strass

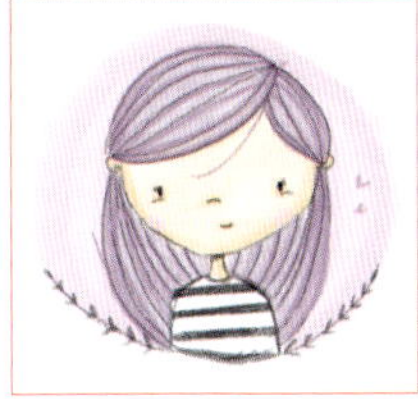

Seite 84

paulundclara_scandilove

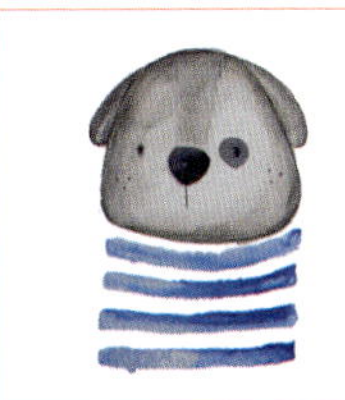

Seite 84

paulundclara_hund

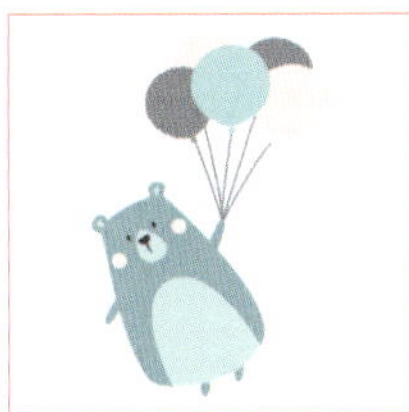

Seite 86

paulundclara_luftballonbaer

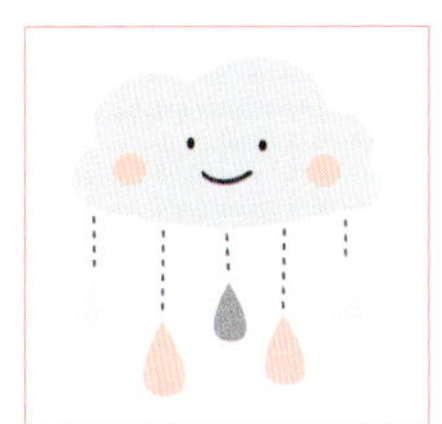

Seite 86

puc_wolke

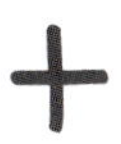

## 5 GEHEIME BONUSDATEIEN VOM QUIZ AUF SEITE 8

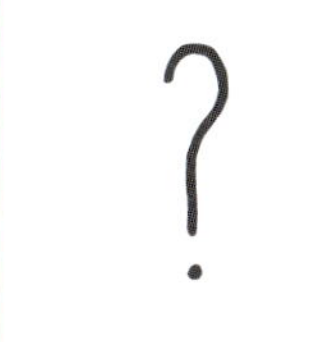
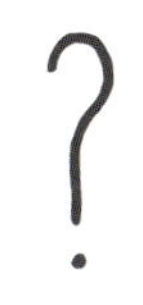
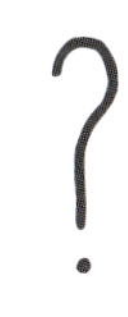
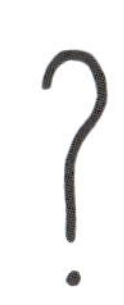
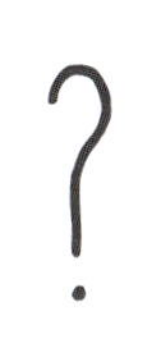

# Troubleshooting

DIE HÄUFIGSTEN FEHLER

## PROBLEME MIT DER SCHNEIDEMATTE

SCHNEIDET DAS MESSER IN DIE SCHNEIDEMATTE?
Gerade beim Arbeiten mit Papier lässt sich das kaum verhindern. Du solltest aber darauf achten, dass die Matte nicht beschädigt oder gar durchgeschnitten wird.

WARUM BEWEGT SICH DAS MATERIAL BEIM SCHNEIDEN?
Dann klebt deine Schneidematte wohl nicht mehr richtig. Das passiert nach einer Weile und ist ganz normal. Bevor du eine neue Matte kaufst, kannst du noch probieren, sie zu reinigen oder den Kleber auffrischen.

Deine Schneidematte bleibt länger einsatzbereit, wenn du sie stets vor Staub schützt und nicht unnötig berührst.

DIE SCHNEIDEMATTE KOMMT NICHT MEHR RAUS!
Wenn sich die Schneidematte nicht mehr entladen lässt, folge diesen Schritten:

- Schalte deinen Plotter aus.
- Stecke den Stecker der Maschine komplett aus.
- Warte eine Minute, bis sich der Reststrom entladen hat.
- Stecke deinen Plotter wieder ein.
- Drücke nun den Knopf zum Entladen so oft, bis die Matte wieder draußen ist.

Diese Schritte helfen auch bei anderen Fehlern, wie z. B. wenn dein Plotter sich aufhängt.

## PROBLEME BEIM PLOTTEN

WARUM SCHNEIDET DER PLOTTER NICHT RICHTIG?
Hierfür kann es mehrere Ursachen geben:

- Keine Schneidelinien: Hast du deine Datei so vorbereitet, dass sie Schneidelinien hat?
- Falsche Einstellung: Stimmen deine Messereinstellungen?
- Kein Messer: Ja, das passiert auch mir manchmal.
- Messer nicht richtig eingesetzt: Prüfe, ob das Messer richtig eingesetzt ist. Vielleicht sitzt es zu hoch und kann daher nicht schneiden.
- Der Halter ist nicht gesperrt: Hast du die Halterung wieder festgestellt? Ansonsten rutscht das Messer bei Andruck immer wieder nach oben.
- Messer reinigen: Prüfe, ob dein Messer sauber ist und befreie es von Folien- oder Papierresten.
- Plotter ist nicht verbunden: Ist der Plotter an den Strom angeschlossen?
- Schneidematte ist nicht richtig geladen: Wurden die Schneidematte oder das Material richtig geladen?

## PROBLEME BEIM ENTGITTERN

ICH SEHE KEINE SCHNEIDELINIEN
Wenn du keine Linien siehst, kannst du zum einen versuchen, das Licht entsprechend auf den Plott zu richten, damit du die Linien besser siehst. Ein weiterer Trick ist, mit ein wenig Kreide über den Plott zu streichen. Auf diese Weise werden die Linien deutlicher. Die Kreide kannst du anschließend einfach wieder abwischen.

DIE FOLIE LÖST SICH BEIM ENTGITTERN NICHT UND REISST
Waren alle Einstellungen richtig und ist das Messer sauber? Dann liegt es häufig an der Folie. Entweder die Folie ist zu alt oder die Qualität ist unzureichend. Schlechte Folie kann einem die Freude am Plotten nehmen. Halte dich nicht damit auf und kaufe in Zukunft nur noch hochwertige Folie.

## PROBLEME BEIM PRESSEN

MEIN PLOTT LÖST SICH
Wenn ein Plott nicht richtig hält, hat etwas beim Pressen nicht funktioniert.

Zuerst ist es wichtig, die Herstellerempfehlung für deine Folie zu prüfen. Kontrolliere auch, ob die Temperatur nicht zu heiß oder zu niedrig war. Es kann auch sein, dass der Druck nicht hoch genug war. Das passiert schnell, wenn man nur mit einem Bügeleisen presst und nicht mit einer Transferpresse.

Um deinen Plott zu retten, kannst du ihn einfach noch einmal anpressen. Es kann sein, dass dies von Zeit zu Zeit wiederholt werden muss.

Wichtig ist auch, den Stoff vor dem Pressen einmal vorzupressen. Dadurch verringert sich die Imprägnierung des Stoffes. Und du solltest auf keinen Fall beim Vorwaschen von Stoffen Weichspüler verwenden. Das kann auch zu Problemen führen.

## PROBLEME MIT DATEIEN

ICH KANN DIE DXF-DATEI NICHT ÖFFNEN
Canvas kann zwar angeblich DXF verarbeiten. Dies ist aber zu 99% nicht der Fall. Arbeite am besten immer mit SVG-Dateien. Silhouette Studio hat hier keine Probleme, außer die Datei ist beschädigt. Lade sie in dem Fall neu herunter.

DIE DATEI IST ZU KLEIN
Mehrfarbige Dateien sind bei Paul & Clara in Schritte aufgeteilt. Daher sind die Dateien beim Öffnen sehr klein. Du musst alles markieren und die Datei auf die gewünschte Größe skalieren, indem du sie mit gedrückter linker Maustaste an einer Ecke größer ziehst. Anhand des letzten Schrittes – der Vorschau – kannst du immer die endgültige Größe sehen.

DIE ELEMENTE LASSEN SICH NICHT VERSCHIEBEN
Ist die Gruppierung der Elemente aufgehoben? Wähle rechte Maustaste – „Gruppierung aufheben". Danach sollten alle Elemente auswählbar sein. Ansonsten ist es manchmal sogar notwendig den verknüpften Pfad zu lösen. Dies geht in Silhouette Studio über rechte Maustaste - „verknüpften Pfad lösen". Canvas stößt hier leider an seine Grenzen. Hier muss man die Pfadpunkte einzeln bearbeiten oder auf Inkscape ausweichen, um die Datei vor der Verwendung nochmals zu bearbeiten.

## PROBLEME MIT SCANNCUT

DAS MOTIV WIRD VERSETZT GESCHNITTEN
Beleuchte beim Scannen den Plotter mit einer hellen Lichtquelle, das hilft bei vielen Problemen und wirkt oft Wunder.

# Stichworte

SCHNELL WICHTIGE THEMEN FINDEN

**Bügelfolie** Auch Thermotransferfolie gibt es in verschiedenen Varianten s. S. 14.

**Canvas®** Kostenlose Software von Brother zum Erstellen und Bearbeiten von Schneidedateien. Außerdem wird das Programm genutzt, um die Dateien an den Plotter zu senden. Gibt es als Online-Version und seit kurzem auch als Desktop-Version s. S. 18.

**DPI** Dots per inch, meint die Anzahl der Pixel in einem Inch. Je mehr Pixel, desto höher ist die Auflösung eines Bildes. Für den Druck werden 300 dpi benötigt. Für die Bildschirmansicht 72 dpi.

**Drucken** Beim Print & Cut werden Motive zuerst ausgedruckt und danach mit dem Plotter ausgeschnitten. Für den Silhouette Plotter druckt man entweder Passermarken mit aus oder nutzt eine spezielle Schneidematte (PixScan), die bereits die Marken hat. Brother-Plotter erkennen die Bilder auch ohne Marken s. S. 84.

**Duplizieren** Ein Objekt nochmal einfügen. Markiere das Objekt und drücke rechte Maustaste – „Duplizieren“

**DXF** Drawing interchange format s. S. 26.

**Einfarbig Plotten** Die Grundlagen findest du auf S. 28.

**Entgittern** Nach dem Plotten wird die überschüssige Folie von der Trägerfolie mittels spezieller Werkzeuge entfernt s. S. 20.

**EPS** Encapsulated post script s. S. 26.

**Flockfolie** Beflockte Thermotransferfolie s. S. 14, 30.

**Flexfolie** Dünne Thermotransferfolie s. S. 14, 28, 34.

**Gruppieren** Zusammenfassen von verschiedenen Elementen zu einem Objekt. Markiere beliebig viele Objekte und drücke rechte Maustaste – „Gruppieren“ s. S. 16.

**Inkscape** Kostenlose Grafiksoftware zur Erstellung und Bearbeitung von Vektordateien. Wird genutzt um z. B. SVG als DXF zu speichern oder umgekehrt.

**Mehrfarbig Plotten** Es gibt drei Varianten des mehrfarbigen Plottens: Ohne Kontur s. S. 44, als Farbflächen mit Aussparungen s. S. 46 und als Konturen mit Farbe hinterlegt s. S. 48.

**Messer** Fürs Plotten werden verschiedene Messer in den Plotter eingesetzt, die das Material schneiden s. S. 24.

**Messereinstellung** Je nach Material wird das Messer individuell eingestellt. Der ideale Wert ist von Gerät zu Gerät unterschiedlich und muss mit Testschnitten selbst ermittelt werden. Dein Geräte-Hersteller gibt für verschiedene Materialien eine Empfehlung.

**Offset** Erstelle mit der Funktion Offset einen versetzen Rahmen um ein Element, um dein Motiv z. B. besser vom Hintergrund abzusetzen s. S. 80.

**Pressen** Thermotransferfolien werden bei hoher Temperatur mit hohem Druck auf Textilien gepresst, dadurch verbinden sie sich mit dem Stoff und bleiben haften s. S. 21.

**PixScan** Eine spezielle Schneidematte für Silhouette-Plotter, die bereits die Passermarken besitzt. Hierauf wird ein Bild oder Druck befestigt und anschließend geschnitten s. S. 84.

**Print & Cut** Siehe Drucken.

**Schneidematte** Klebende Matte auf der das Material befestigt und anschließend geschnitten wird s. S. 20, 24.

**Silhouette Studio®** Kostenlose Software von Silhouette zum Erstellen und Bearbeiten von Schneidedateien. Außerdem wird das Programm genutzt, um die Dateien an den Plotter zu senden s. S. 16.

**Schablonen** Schablonenmaterial kann mit dem Plotter geschnitten werden s. S. 62.

**Silhouette Studio®** Kostenlose Software von Silhouette zum Erstellen und Bearbeiten von Schneidedateien. Außerdem wird das Programm genutzt, um die Dateien an den Plotter zu senden s. S. 16.

**Silhouette Studio® Designer Edition** Kostenpflichtiges Upgrade mit dem man mehr Funktionen nutzen kann z. B. SVGs öffnen.

**Spiegeln** Beim Plotten mit Thermotransferfolie muss die Datei vorher immer gespiegelt werden, insbesondere Schriften s. S. 28.

**Stifte** Mit Stifthaltern lassen sich auch Stifte anstatt eines Messers einsetzen, um z. B. auf Stoff zu zeichnen s. S. 58.

**Strasssteine** Erstelle mit Schablonenmaterial für Strasssteine eine Vorlage zum einfachen Anordnen der Steine s. S. 82.

**SVG** Scalable vector graphics s. S. 26.

**Trägerfolie** Alle Thermotrasferfolien sind auf einer Trägerfolie aufgebracht. Nach dem Aufpressen wird sie entfernt s. S. 12.

**Testschnitt** Um die Messereinstellungen zu testen, hast du die Möglichkeit einen Testschnitt zu machen s. S. 17, 19.

**Troubleshooting** Schnelle Hilfe für häufige Probleme s. S. 90.

**Vektordatei** Linienbasierte Datei, die sich ohne Qualitätsverlust skalieren lässt. Mit diesen Dateien arbeiten alle Schneideplotter.

**Werkzeuge** Es gibt viele nützliche Werkzeuge fürs Plotten s. S. 24.

# Buchempfehlungen für Sie

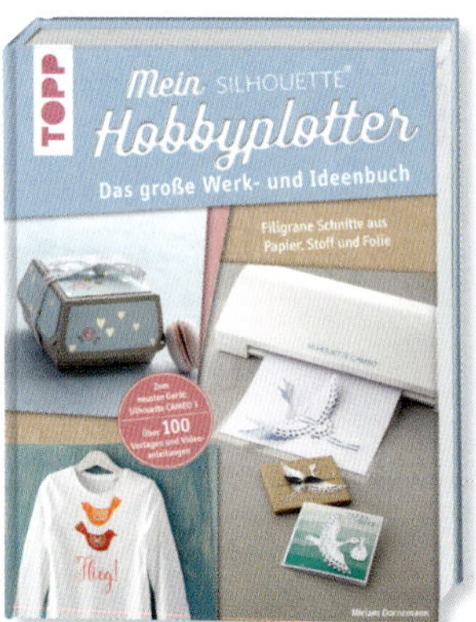


ISBN 978-3-7724-7690-7

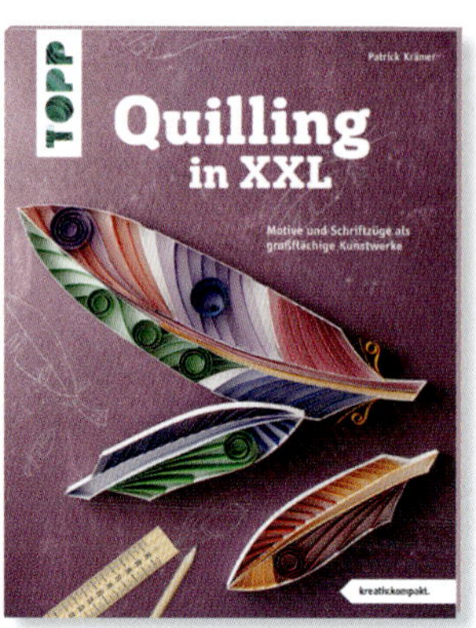


ISBN 978-3-7724-4361-9

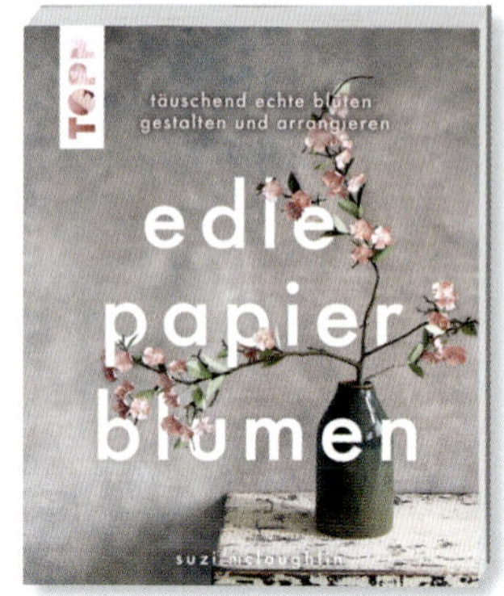


ISBN 978-3-7724-5341-0

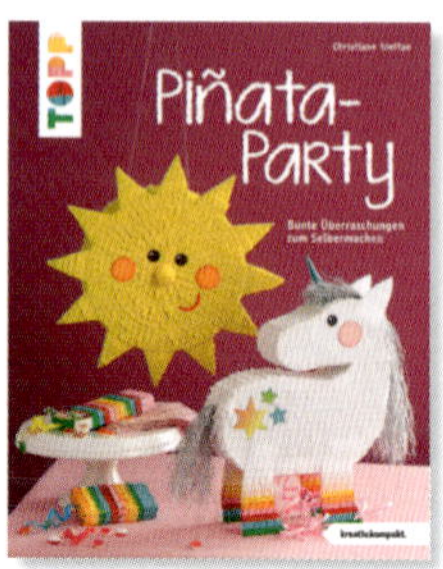


ISBN 978-3-7724-4278-0

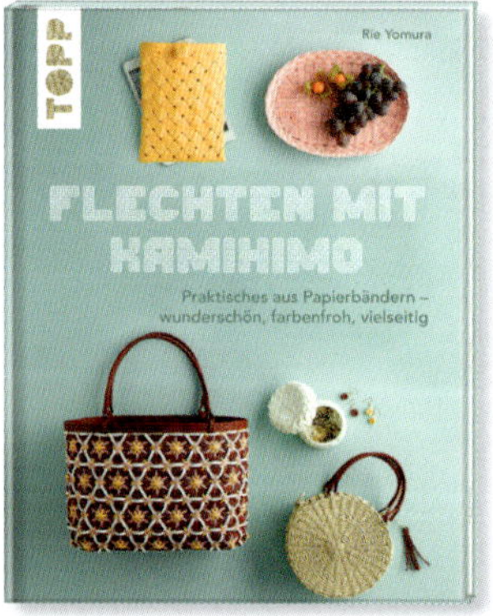


ISBN 978-3-7724-4527-9

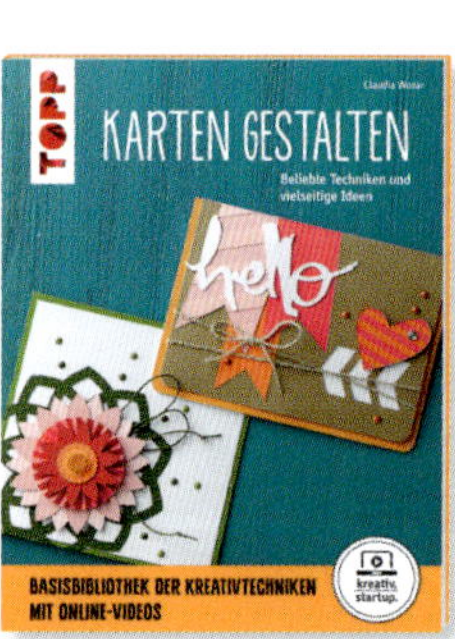


ISBN 978-3-7724-8199-4

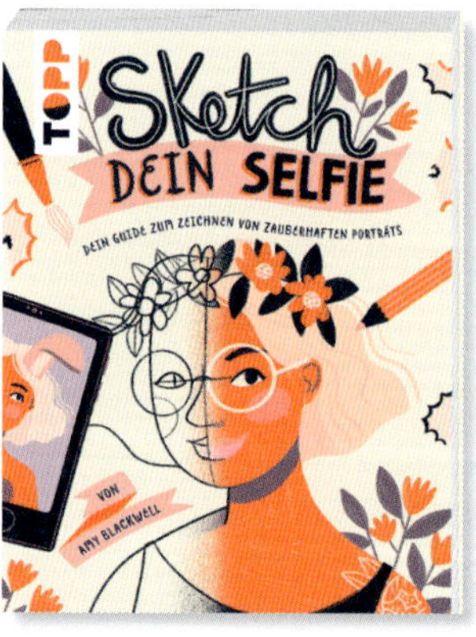


ISBN 978-3-7724-4729-7

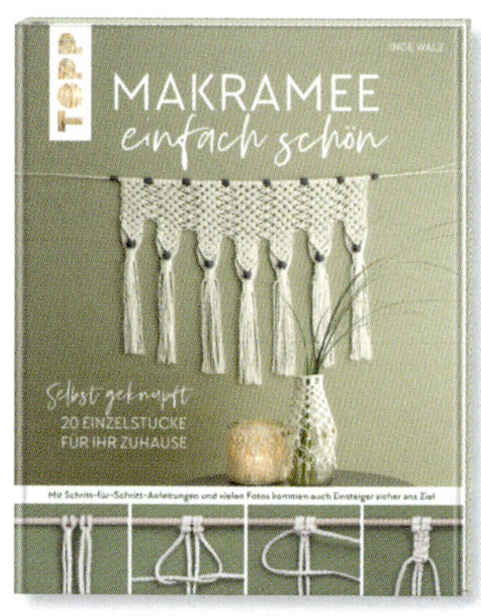


ISBN 978-3-7724-4553-8

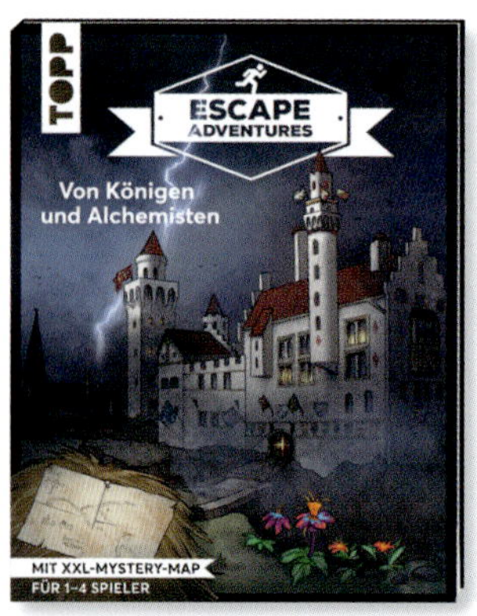


ISBN 978-3-7724-4293-3

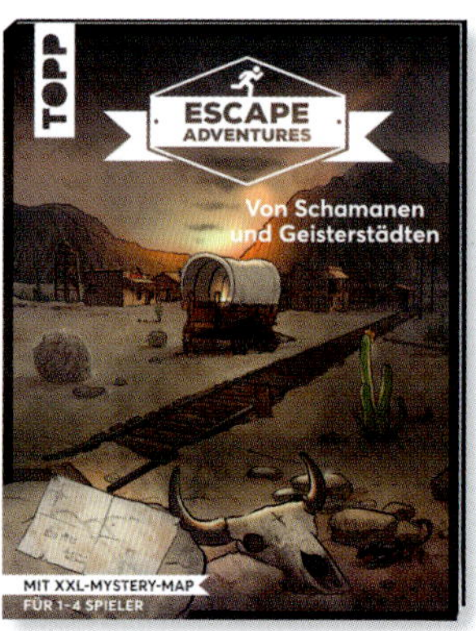


ISBN 978-3-7724-4294-0

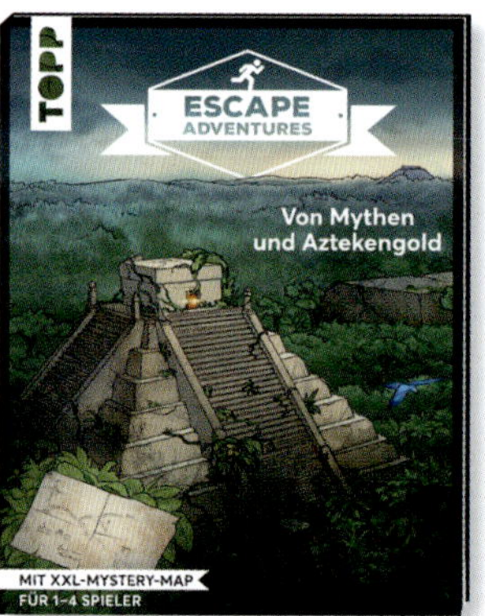


ISBN 978-3-7724-4295-7

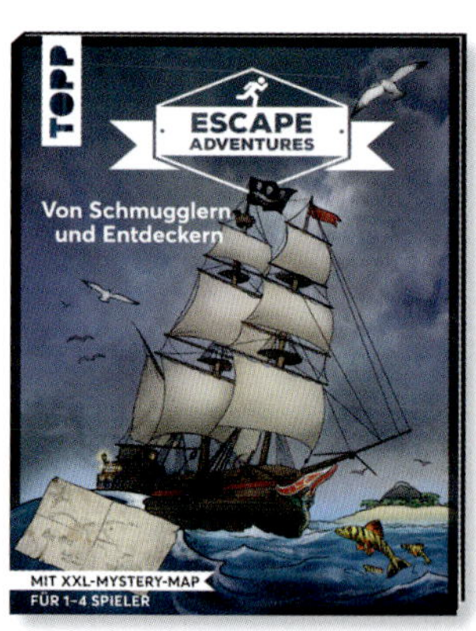


ISBN 978-3-7724-4296-4

Kreativ-Bücher finden Sie auf www.TOPP-kreativ.de

# Weitere Ideen zum Selbermachen gesucht?

*Lieblingsstücke von einfach bis einfach genial finden Sie bei TOPP! Lassen Sie sich auf unserer Verlagswebsite, per Newsletter oder in den sozialen Netzwerken von unserer Vielfalt inspirieren!*

## Website

Verlockend: Welcher Kreativratgeber soll es für Sie sein? Schauen Sie doch auf **www.TOPP-kreativ.de** vorbei & stöbern Sie durch die neusten Hits der Saison!

## TOPP-Autoren

Sie wollen wissen, wer die „Macher" unserer Bücher sind? Wer Ihnen nützliche Tipps & Tricks gibt? Auf **www.TOPP-kreativ.de/Autor** warten jede Menge spannender Infos zum jeweiligen Autor auf Sie. Finden Sie heraus, welches Gesicht hinter Ihrem Lieblingsbuch steckt!

## Facebook

Werden Sie Teil unserer Community & erhalten Sie brandaktuelle Informationen rund ums Handarbeiten auf **www.Facebook.com/Mitstrickzentrale**
Wer sich für Basteln, Bauen, Verzieren & Dekorieren interessiert, ist auf **www.Facebook.com/Bastelzentrale** genau richtig!

## Pinterest

Sie sind auf der Jagd nach den neusten Trends? Sie suchen die besten Kniffe? Die schönsten DIY-Ideen? All' das & noch vieles mehr gibt es von TOPP auf **www.Pinterest.com/Frechverlag**

## Newsletter

Bunt, fröhlich & überraschend: Das ist der TOPP-Newsletter! Melden Sie sich unter: **www.TOPP-kreativ.de/Newsletter** an & wir halten Sie regelmäßig mit Tipps & Inspirationen über Ihr Lieblingshobby auf dem Laufenden!

## Extras zum Download in der Digitalen Bibliothek

Viele unserer Bücher enthalten digitale Extras: Tutorial-Videos, Vorlagen zum Downloaden, Printables & vieles mehr. Dieses Buch auch? Dann schauen Sie im Impressum des Buches nach. Sofern ein Freischaltcode dort abgebildet ist, geben Sie diesen unter **www.TOPP-kreativ.de/DigiBib** ein. Nach erfolgreicher Registrierung erhalten Sie Zugang zur digitalen Bibliothek & können sofort loslegen.

## YouTube

Sie wollen eine ganz neue Technik ausprobieren? Sie arbeiten an einem spannenden Projekt, aber wissen nicht weiter? Unsere Tutorials, Werbetrailer, Interviews & Making Of's auf **www.YouTube.com/Frechverlag** helfen Ihnen garantiert dabei, den passenden Ratgeber von TOPP zu finden.

## Instagram

Sie sind auf Instagram unterwegs? Super, TOPP auch. Folgen Sie uns! Sie finden uns auf **www.Instagram.com/Frechverlag**
Möchten Sie uns an Ihrem Lieblingsprojekt teilhaben lassen? Am besten posten Sie gleich ein Foto mit dem Hashtag **#frechverlag** & wir stellen Ihr Werk gerne unserer Community vor – yeah!

**Alles in einer Hand gibt's hier:**

**Kreativ-Bücher finden Sie auf www.TOPP-kreativ.de**

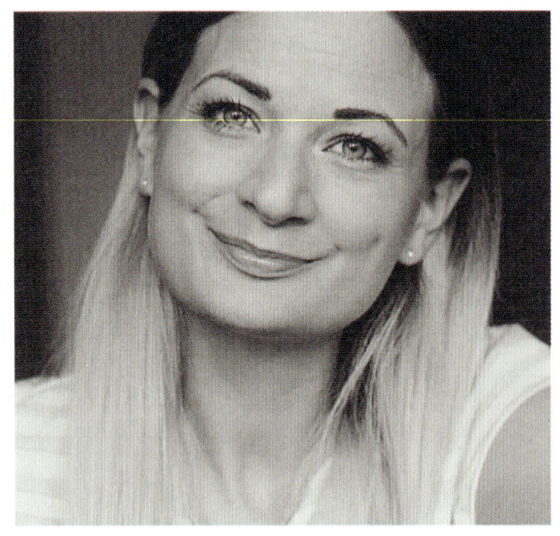

Hinter dem bekannten Label „Paul & Clara" dreht sich alles um Plotterdateien, Applikationsvorlagen, Stickdateien und Stoffdesigns. Und Sarah Kalweit ist die Gestalterin, die mit Tatenkraft und Herzblut hinter den schönen Motiven steht. Sie kommt aus Frankfurt, ist 32 Jahre alt, verheiratet und Mama einer entzückenden kleinen Lady namens Clara. Und diese ist auch die Namensgeberin ihres Labels.

Sarah Kalweit ist gelernte Grafikerin und hat über 10 Jahre in der Werbebranche gearbeitet – zuletzt als Creative Director. Mit der Schwangerschaft und dem Muttersein kam der Wunsch nach einer beruflichen Veränderung und mehr Freiheiten. Daraus ist die Idee für Paul & Clara entstanden. Hinter ihrem Label steht sie treu zu dem Motto: „Gestaltet euren Alltag und den Kleiderschrank eurer Kinder bunter und schöner!" Ihre Plottervorlagen haben es bereits in mehrere Bücher geschafft. Mehr davon gibt es auf: www.paulundclara.com

Da bleibt wohl nur eine Frage: Wer ist eigentlich Paul? Diesen kleinen Sonnenschein gibt es tatsächlich erst seit kurzem. Er wusste wohl, dass er noch fehlt, um die Familie komplett zu machen.

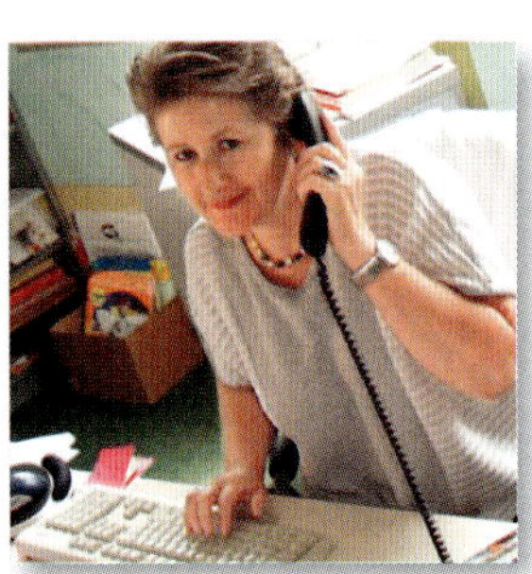

## Kreativ-Hotline

Hilfestellung zu allen Fragen, die Materialien und Bücher zu kreativen Hobbys betreffen:
**Frau Erika Noll** berät Sie.
Rufen Sie an oder schreiben Sie eine E-Mail!

Telefon: 0 50 52 / 91 18 58*
*normale Telefongebühren

E-Mail: mail@kreativ-service.info

Der Freischalte-Code für die Plotterdateien lautet: 17026

## IMPRESSUM

MODELLE: Sarah Kalweit
FOTOS: Sarah Kalweit; S. 38, Mockup Cloud/creativmarket.com; S. 66, Pektoral/shutterstock.com; S. 68, artnLera/shutterstock.com; S. 82, Senpo/shutterstock.com
PRODUKTMANAGEMENT: Joel Müseler
LEKTORAT: Joel Müseler
GESAMTHERSTELLUNG: Katrin Röhlig
GESTALTUNG, SATZ: Sarah Kalweit
Druck: PNB Print Ltd, Lettland



4. Auflage 2021

ISBN 978-3-7724-7896-3 • Best.-Nr. 7896